FAÇA
MAIS E
MELHOR

FAÇA MAIS E MELHOR

UM GUIA PRÁTICO PARA A PRODUTIVIDADE

TIM CHALLIES

C437f   Challies, Tim, 1976-
        Faça mais e melhor : um guia prático para a produtividade / Tim Challies ; [tradução: Francisco Brito]. – São José dos Campos, SP : Fiel, 2018.

        124 p.
        Tradução de: Do more better : a practical guide to productivity.
        Inclui referências bibliográficas.
        ISBN 9788581324937

        1. Produtividade – Aspectos religiosos – Cristianismo. 2. Vida cristã. I. Título.
                                                            CDD: 248.4

Catalogação na publicação: Mariana C. de Melo Pedrosa – CRB07/6477

FAÇA MAIS E MELHOR
Um guia prático para a produtividade

traduzido do original em inglês:
DO MORE BETTER
A Practical Guide to Productivity
Copyright © 2015 by Tim Challies

∎

Publicado originalmente por Cruciform Press, Minneapolis, Minnesota

Copyright © 2018 Editora Fiel
Primeira edição em português: 2018

Todos os direitos em língua portuguesa reservados por Editora Fiel da Missão Evangélica Literária
PROIBIDA A REPRODUÇÃO DESTE LIVRO POR QUAISQUER MEIOS SEM A PERMISSÃO ESCRITA DOS EDITORES, SALVO EM BREVES CITAÇÕES, COM INDICAÇÃO DA FONTE.

∎

Diretor: Tiago J. Santos Filho
Editor: Tiago J. Santos Filho
Tradução: Francisco Brito
Revisão: Shirley Lima – Papiro Soluções Textuais
Diagramação: Rubner Durais
Capa: Rubner Durais
ISBN: 978-85-8132-493-7

Caixa Postal 1601
CEP: 12230-971
São José dos Campos, SP
PABX: (12) 3919-9999
www.editorafiel.com.br

SUMÁRIO

	Introdução	7
UM	Conheça Seu Propósito	11
DOIS	Responda ao Chamado	21
TRÊS	Defina Suas Responsabilidades	29
QUATRO	Declare Sua Missão	37
CINCO	Escolha Suas Ferramentas	47
SEIS	Insira Suas Tarefas	55
SETE	Planeje Seu Calendário	63
OITO	Junte Suas Informações	69
NOVE	Vivencie o Sistema	81
DEZ	A Manutenção Consistente do Sistema	99
BÔNUS	Domando Seu E-mail	113
BÔNUS	Vinte Dicas para Aumentar Sua Produtividade	119

INTRODUÇÃO

Eu acredito que este livro pode melhorar a sua vida. Reconheço que essa é uma declaração ousada, mas o tempo gasto para escrever ou ler este livro não valeria a pena se eu não acreditasse nisso. Escrevi este livro porque quero que você faça mais e melhor, e porque acredito que você consegue. E isso é verdadeiro, seja você um profissional ou um estudante, um pastor ou um encanador, um pai que trabalha em casa ou uma mãe dona de casa.

Não quero que você faça mais coisas, assuma novos projetos ou execute mais tarefas. Não necessariamente. Não quero que você trabalhe muitas horas ou passe menos tempo com sua família ou com seus amigos. Quero que você faça mais o bem. Quero que você faça o que mais importa e também que faça da melhor maneira possível. E isso é o que eu também quero para mim.

Você conhece a sensação desagradável de estar negligenciando algumas responsabilidades da vida? Eu sei bem como é. Recentemente, assisti a um episódio antigo de *The Ed Sullivan Show* em que havia um equilibrista de pratos se apresentando. O homem, habilidosamente, colocou o primeiro prato para girar, depois fez o mesmo com o segundo, com o terceiro, com o quarto e assim por diante. Em seguida, olhou para o primeiro prato e percebeu que o objeto estava começando a perder o equilíbrio. Logo depois de reequilibrar o primeiro, ele teve de fazer o mesmo com o segundo e assim sucessivamente, mantendo uma dúzia de pratos girando sem cair no chão. É assim que você se sente na vida?

Mas não precisa ser assim. Não deve ser assim. Você (até você!) pode levar uma vida tranquila e organizada, tendo firmeza em suas responsabilidades e confiança em seu progresso. Você pode colocar sua cabeça no travesseiro à noite e descansar tranquilamente.

Há milhares de anos, um homem chamado Salomão, rei de Israel, escreveu as seguintes palavras:

> Inútil vos será levantar de madrugada, repousar tarde, comer o pão que penosamente granjeastes; aos seus amados ele o dá enquanto dormem. (Sl 127.2)

Até esse rei, que governava uma nação inteira, administrava riquezas inimagináveis e comandou projetos de construção espetaculares, foi capaz de se ver livre do estresse e da ansiedade, de descansar do seu trabalho e de ter um sono tranquilo. Então, por que nós achamos que isso é tão difícil em nossa vida pequena? Ao longo dos anos, eu me esforcei muito para compreender a produtividade e a habilidade de realizar tarefas. Eu amo usar meu tempo e minha energia da melhor forma possível e estou constantemente afinando as ideias, as ferramentas e os sistemas que me ajudam a continuar assim. De tempos em tempos, consigo até mesmo ensinar essas coisas a outras pessoas e ajudá-las a fazer o melhor possível. É sempre uma alegria ver que as pessoas estão entendendo e aplicando em suas vidas o fruto desse aprendizado.

Neste pequeno livro, compartilho um pouco do que aprendi ao longo do caminho porque creio que posso ajudá-lo a aprender mais do que você já sabe sobre ter uma vida produtiva. Não estou dizendo que conheço tudo. Ainda estou aprendendo e, à medida que vou avançando, faço pequenos ajustes. Mas posso dizer com confiança que aquilo que vou ensinar a você realmente funciona, pois eu mesmo trouxe ordem para o meu caos e direcionamento para a minha falta de rumo. Além disso, também funcionou muito bem para outras pessoas.

A melhor forma que conheço para ensinar esses princípios é me abrindo e falando um pouco sobre a minha vida. Vou mostrar o que aprendi, como uso minhas ferramentas, como construo meus sistemas, como faço aquilo que tenho para fazer. Acredito que a melhor maneira de aproveitar este livro é lendo, observando e imitando — pelo menos, no início. Depois, com o passar do tempo, inevitavelmente você adaptará as dicas que se mostrarem especialmente úteis e descartará aquelas inúteis. Se eu for capaz de estimular sua maneira de pensar para que você faça o melhor possível, posso considerar este livro um grande sucesso.

E, agora, mãos à obra!

UM

CONHEÇA SEU PROPÓSITO

Talvez você esteja lendo este livro porque sente que sua vida está caótica e deseja imprimir alguma espécie de ordem nela. Talvez você esteja lendo este livro porque assumiu responsabilidades demais e está em busca de conselhos sobre o que priorizar. Talvez esteja lendo porque está sempre em busca de uma nova dica ou de um novo truque para aumentar sua eficiência um pouco mais. Todas essas razões são boas e, independentemente de quais se apliquem a você, acredito que encontrará algo que possa ajudar.

Mas, antes que seja possível entrarmos nas questões realmente práticas, você e eu temos um pouco de trabalho a fazer. Mesmo que você se sinta tentado a pular este capítulo, peço que resista à tentação. Investir um pouco de tempo e atenção agora o ajudará a construir o fundamento para o que virá depois. Se você pular para os capítulos 5 ou 6, querendo chegar logo às melhores partes, talvez seja uma prova de que aquilo que você procura são soluções imediatistas, e não transformações duradouras.

Então, continue comigo enquanto trabalhamos juntos ao longo deste capítulo.

O FUNDAMENTO

Ninguém nunca me considerou habilidoso. Consigo lidar com as coisas muito básicas — pendurar fotos na parede ou colocar algumas camadas de tinta na parede —, mas sou completamente dependente do meu sogro ou de pessoas que contrato para fazer qualquer coisa além disso. Quando ouço meus amigos falando sobre colocar fita nas paredes de reboco, sobre mexer nos canos e nos fios ou sobre instalar a porta de entrada, saio de fininho da conversa. Eu tenho consciência das minhas limitações.

Nunca examinei o interior das paredes da minha casa, mas sei que, se examinasse, encontraria vigas, colunas e pilares. E, se eu fosse até o porão e removesse a placa de reboco, encontraria alicerces. Esses são os elementos que sustentam e mantêm minha casa de pé. A casa não pode ser mais forte do que esses elementos. O assunto deste capítulo são os fundamentos da produtividade. A produtividade — a verdadeira produtividade — nunca será melhor ou mais firme do que o fundamento sobre o qual é construída. Então, precisamos ter certeza de que estamos construindo sobre um alicerce firme.

UM CATECISMO DA PRODUTIVIDADE

Para você compreender a produtividade, é necessário começar a entender a razão de sua existência. Produtividade não é o que dará um propósito à sua vida, mas é o que permitirá que você se sobressaia ao viver seu propósito atual.

Vou guiá-lo na análise de um breve "Catecismo da Produtividade", uma série de perguntas e respostas. E somente quando você entender essas questões fundamentais sobre o propósito e a missão que recebeu de Deus é que estará pronto para começar a trabalhar. Aqui está a primeira pergunta:

P. 1: Qual foi o propósito último de Deus ao criar você?
R.: Deus me criou para a glória dele.

Essa é a pergunta que todo ser humano se faz em algum momento da vida, não é? Por que estou aqui? Por que estou aqui em vez de não estar? Por que Deus me criou? A Bíblia tem uma resposta: "Porque dele, e por meio dele, e para ele são todas as coisas. A ele, pois, a glória eternamente. Amém!" (Rm 11.36). Todas as coisas existem para a glória de Deus, e isso inclui cada um de nós. Isso inclui você.

Deus o criou para ser glorificado por você e através de você. Essa é uma verdade surpreendente e que gera profunda humildade. Ao compreendê-la e aplicá-la, tudo relacionado à sua vida é transformado. O fato simples é que você não é o centro da própria vida. Você não é a estrela de seu programa. Se você vive para si mesmo, para seu próprio conforto, para sua própria glória e sua própria fama, está ignorando seu verdadeiro propósito. Deus criou você para a glória dele.

P. 2: De que maneira você pode glorificar a Deus em sua vida cotidiana?
R.: Posso glorificar a Deus em minha vida cotidiana praticando boas obras.

Você pode sentir-se confortável com essa ideia de que Deus criou você para a glória dele, mas uma questão ainda permanece: o que, de fato, significa glorificar a Deus? Se você quer glorificar a Deus, precisa desistir do seu emprego e se tornar pastor? Se você quer glorificar a Deus, precisa empacotar tudo que tem e se mudar para o outro lado do mundo, a fim de servir como missionário nas regiões mais remotas e perigosas do mundo? Você só glorifica a Deus verdadeiramente quando fica de pé na igreja e canta os grandes hinos da fé cristã? Deus somente é honrado por seu intermédio quando você lê sua Bíblia e ora? Ou existe uma maneira de glorificar a Deus durante o dia inteiro, diariamente, na vida cotidiana?

Jesus respondeu a essa pergunta quando disse: "Assim brilhe também a vossa luz diante dos homens, para que vejam as vossas boas obras e glorifiquem a vosso Pai que está nos céus" (Mt 5.16). Suas boas obras são como uma luz e, quando essa luz brilha, mostra Deus. Quando as pessoas veem essa luz, não é para que olhem para você e digam: "Ele é incrível!" ou "Ela é impressionante!". É para que olhem para Deus e digam: "Ele é impressionante!".

Você não glorifica a Deus somente quando fala sobre ele, quando compartilha o evangelho com outras pessoas ou quando levanta as mãos no culto público. Essas ações são todas boas, mas não são os únicos meios de glorificar a Deus. E estão longe de ser. Você glorifica a Deus quando pratica boas obras. O apóstolo Pedro escreveu: "mantendo exemplar o vosso procedimento no meio dos gentios, para que, naquilo que falam contra vós outros como de malfeitores, observando-vos em vossas boas obras, glorifiquem a Deus no dia da visitação" (1 Pe 2.12). Suas boas obras apresentam a grandeza de Deus ao mundo que observa.

P. 3: O que são boas obras?
R.: Boas obras são as coisas que fazemos para a glória de Deus e pelo bem de nosso próximo.

Você sabe que as boas obras são importantes e que glorificam a Deus. Mas o que são essas boas obras? É alimentar o pobre e adotar órfãos? É dar dinheiro para a igreja, voluntariar-se no banco de alimentos ou visitar os idosos no asilo? Quais são as boas obras que somos chamados a realizar? A Bíblia assegura que as boas obras são todas as coisas que fazemos pelo bem das pessoas e para a glória de Deus.

Você já é muito bom em fazer coisas que beneficiam a si mesmo. Todos nós somos. Desde a infância, você é hábil nos esforços para sobreviver e aumentar o próprio conforto. Mas, quando Deus salvou você, deu-lhe um coração que deseja fazer o bem às pessoas. De repente, você deseja fazer o bem às pessoas, mesmo que isso custe muito caro. Afinal, foi exatamente o que Cristo fez na cruz. Foi o que Cristo fez e você é chamado a imitá-lo.

Boas obras, então, são todas e quaisquer ações que você faz em benefício das pessoas. Se você é mãe e simplesmente abraça e consola seu filho que está chorando, está praticando uma boa obra que glorifica a Deus porque é algo que você faz para beneficiar seu filho. Se você é estudante e se dedica aos estudos, está praticando uma boa obra que glorifica a Deus, pois o que está aprendendo será usado algum dia para beneficiar outras pessoas. Se você trabalha em um ambiente de escritório e tem consideração por seus clientes e colegas de trabalho em sua forma de trabalhar, está praticando boas obras que glorificam a Deus, pois está vivendo fora de si mesmo, fazendo aquilo que beneficia as pessoas em sua vida.

Não há tarefa na vida que não possa ser realizada para a glória de Deus. Mais uma vez, é o que Jesus nos chama a fazer nas palavras simples do Sermão do Monte: "Assim brilhe também a vossa luz diante dos homens, para que vejam as vossas boas obras e glorifiquem a vosso Pai que está nos céus" (Mt 5.16).

P. 4: Mas você é um pecador. Então, realmente consegue praticar boas obras?
R.: Sim. Os cristãos são capacitados a praticar boas obras por causa da obra acabada de Jesus.

Como cristão, você tem consciência de seu pecado. Você sabe que suas motivações nunca são perfeitamente puras, que seus desejos nunca são perfeitamente saudáveis, que suas ações nunca são perfeitamente justas. Às vezes, você não sabe quais são suas motivações e, outras vezes, nem quer saber. Se tudo isso é verdade, como suas obras podem ser boas?

Sim, você pode realizar boas obras. Aliás, foi por isso que Deus o salvou: "Pois somos feitura dele, criados em Cristo Jesus para boas obras, as quais Deus de antemão preparou para que andássemos nelas" (Ef 2.10). É simples: Deus salvou você para que pudesse praticar boas obras, glorificando-o através delas. Paulo deixa isso ainda mais claro em sua carta a Tito: "[Cristo] a si mesmo se deu por nós, a fim de remir-nos de toda iniquidade e purificar, para si mesmo, um povo exclusivamente seu, zeloso de boas obras" (Tt 2.14). Cristo entregou a própria vida por você para que tivesse zelo genuíno pelas boas obras. Paulo exorta os cristãos a serem zeladores das boas obras ou extremistas pelas boas obras — a serem absolutamente comprometidos em todos os sentidos com a prática do bem ao próximo.

Anime-se! Você pode verdadeiramente praticar obras que agradam a Deus. Deus verdadeiramente se agrada quando você pratica essas obras, mesmo quando não são praticadas tão perfeitamente ou de maneira tão abnegada quanto você gostaria, ou até mesmo quando você não tem certeza de suas motivações. Embora até mesmo suas melhores obras estejam longe da perfeição, Deus se agrada delas e as aceita com alegria.

P. 5: Em que áreas da vida você deve enfatizar as boas obras?
R.: Devo enfatizar as boas obras em todos os momentos e em todas as áreas da vida.

Se você *pode* glorificar a Deus em todas as áreas, *deve* glorificar a Deus em todas as áreas. Não há nenhuma área de sua vida em que você não tenha a capacidade de fazer o bem pelas pessoas ou de glorificar a Deus. Paulo disse: "Portanto, quer comais, quer bebais ou façais outra coisa qualquer, fazei tudo para a glória de Deus" (1 Co 10.31). Ele escreveu para Tito: "Fiel é esta palavra, e quero que, no tocante a estas coisas, faças afirmação, confiadamente, para que os que têm crido em Deus sejam solícitos na prática de boas obras. Estas coisas são excelentes e proveitosas aos homens" (Tt 3.8). Para Timóteo, ele escreveu especificamente sobre as mulheres: "Da mesma sorte, que as mulheres, em traje decente, se ataviem com modéstia e bom senso, não com cabeleira frisada e com ouro, ou pérolas, ou vestuário dispendioso, porém com boas obras (como é próprio às mulheres que professam ser piedosas)" (1 Tm 2.9-10) e, para a igreja da Galácia, ele explicou: "Por isso, enquanto tivermos oportunidade, façamos o bem a todos, mas principalmente aos da família da fé" (Gl 6.10). Pedro chega a dizer que você recebeu de Deus o dom sobrenatural de praticar ainda mais boas obras pelas pessoas.

FAÇA MAIS E MELHOR

Servi uns aos outros, cada um conforme o dom que recebeu, como bons despenseiros da multiforme graça de Deus. Se alguém fala, fale de acordo com os oráculos de Deus; se alguém serve, faça-o na força que Deus supre, para que, em todas as coisas, seja Deus glorificado, por meio de Jesus Cristo, a quem pertence a glória e o domínio pelos séculos dos séculos. Amém! (1 Pe 4.10-11)

A Bíblia deixa bem claro: em todos os momentos e em todos os lugares, você é capaz de praticar o bem às pessoas, então você deve fazê-lo.

P. 6: O que é a produtividade?

R.: Produtividade é administrar seus dons, talentos, tempo, energia e entusiasmo com eficácia pelo bem das pessoas e para a glória de Deus.

Agora chegamos ao ponto: o que é produtividade? Produtividade é *administrar seus dons, talentos, tempo, energia e entusiasmo com eficácia pelo bem das pessoas e para a glória de Deus*. A produtividade chama você a dedicar a vida inteira a esse grande objetivo de glorificar a Deus fazendo o bem às pessoas. Esse chamado envolve usar seus dons, os dons espirituais que você recebeu quando o Senhor o salvou; envolve o desenvolvimento de seus talentos, as áreas em que você é naturalmente mais forte; envolve a administração de seu tempo, aquele período de 24 horas que Deus lhe dá a cada dia; envolve o uso de sua energia, força ou vitalidade que vai e vem ao longo do dia e da semana; e envolve até mesmo o entusiasmo, a paixão e o interesse que podem fazer parte das obras que você ama praticar. Deus chama você para pegar todas essas coisas e aplicá-las com cuidado, fidelidade e consistência no objetivo maior de fazer o bem às pessoas.

SEU PROPÓSITO

Espero que esta máxima estabeleça seu propósito: glorificar a Deus ao praticar o bem às pessoas. Não há plano melhor, nem ideal mais sublime. Então, em última análise, esta é a essência da produtividade e, portanto, a essência deste livro: fazer o bem às pessoas.

Você é mãe e dona de casa? Isso é o que determina em que medida é produtiva. Você é um diretor executivo? Isso também é o que determina em que medida é produtivo. Você é professor, fabricante de ferramentas, médico ou motorista? O mesmo se aplica a você. Mesmo quando estamos falando de ferramentas, programas de computador ou sistemas, você precisa lembrar-se do nobre e sublime propósito por trás de tudo: glorificar a Deus, fazendo o bem às pessoas.

DOIS

RESPONDA AO CHAMADO

Produtividade é *administrar seus dons, talentos, tempo, energia e entusiasmo com eficácia pelo bem das pessoas e para a glória de Deus.* Isso significa que você tem a responsabilidade de dedicar tudo o que tem a esse grande objetivo. Você tem a responsabilidade diante de Deus de se sobressair em produtividade. E deve ser algo simples, não é? Você precisa apenas fazer a melhor coisa (o bem às pessoas) pelo melhor objetivo (a glória de Deus). E, ainda assim, se você for como eu e como muitos outros, talvez tenha enfrentado muita dificuldade ao longo de toda a sua vida para continuar produtivo. Mas, se o seu propósito é assim tão claro, por que ainda enfrenta tanta dificuldade?

LADRÕES DE PRODUTIVIDADE
Tenho certeza de que você seria capaz de elaborar uma lista com uma quantidade infinita de razões que explicam por que você não é mais produtivo. Mas acredito que, por trás da maior parte das suas razões, e das minhas, você encontrará três principais culpados, três ladrões de pro-

dutividade: preguiça, excesso de ocupações e uma péssima combinação de cardos e abrolhos.

PREGUIÇA

O primeiro ladrão de produtividade é a preguiça. Não é necessário aprofundar-se muito na Bíblia para ver que a preguiça sempre foi uma preocupação. O livro de Provérbios tem muito a dizer para e sobre os preguiçosos. Em seu pequeno comentário sobre esse grande livro, Derek Kidner destaca que o preguiçoso é "uma figura da tragicomédia, com sua preguiça totalmente animal (ele está mais do que ancorado à sua cama — é atado a ela com *gonzos*, 26.14), suas desculpas esfarrapadas ('Um leão está lá fora!', 26.13; 22:13) e sua incapacidade final".[1] Ao estudar o preguiçoso do livro de Provérbios, você percebe que ele é um homem que não quer começar novos empreendimentos, um homem que não termina o que começou, um homem que não quer enfrentar a realidade e, em todas essas coisas, é um homem inquieto, impotente e inútil. Sua vida é caótica porque sua alma é caótica. Ele dá pouca importância a Deus, razão pela qual também dá pouca importância às coisas que honram e glorificam a Deus — coisas como trabalhar duro e fazer o bem às pessoas.

A maioria de nós tem um pouco dessa preguiça — talvez até mesmo você. Se você quiser uma desculpa para ser improdutivo, certamente encontrará e, mesmo que não consiga encontrar, acabará inventando uma. E é possível que o mundo de hoje ofereça mais maneiras de ser preguiçoso e procrastinar do que antes. Quando você trabalha no computador, está

---

1 Derek Kidner. *Provérbios: introdução e comentário*. São Paulo: Edições Vida Nova e Editora Mundo Cristão.

sempre a somente um ou dois cliques de se conectar com seus amigos no Facebook ou de passar alguns minutos se entretendo no YouTube. Mensagens no whatsapp são formas fáceis de impedir uma reflexão mais profunda e fazer uma maratona da mais nova série da Netflix pode fazer você desperdiçar uma semana inteira. Você é cercado de tentações à preguiça e talvez sucumba com mais frequência do que imagina. Talvez a preguiça seja o que o impede de se tornar verdadeiramente produtivo.

EXCESSO DE OCUPAÇÕES

O segundo ladrão da produtividade é o excesso de ocupações, algo que, evidentemente, é o exato oposto da preguiça: fazer demais em vez de fazer pouco. Mas essa não é uma característica mais nobre.

O excesso de ocupações é um problema que pode ser enganoso. Embora tenha sido um problema e uma tentação em todas as épocas, eu me pergunto se não sofremos mais com isso em nossos dias do que no passado. Afinal, com frequência, a sociedade nos julga e nos classifica com base em quanto estamos ocupados. Embora reclamemos sobre quanto estamos ocupados, também é algo que acreditamos que nos valida, como se só tivéssemos duas opções à nossa frente: fazer muito pouco ou fazer demais. De alguma maneira, acreditamos que nosso valor está ligado a quanto estamos ocupados.

Mas o excesso de ocupação não pode ser confundido com diligência. Não pode ser confundido com fidelidade ou fecundidade.[2] "Superocupado não significa que você é um cristão

---

2 C. J. Mahaney. *Biblical Productivity*. Sovereign Grace Ministries, 2010, pp. 1-6.

fiel ou frutífero. Só quer dizer que você está ocupado, como todo mundo."³ Ter muitas ocupações pode fazer você se sentir bem consigo mesmo e também criar a ilusão de que você está realizando muitas tarefas, porém é mais provável que você esteja dando uma parcela muito pequena de sua atenção a muitas coisas diferentes, priorizando todas as coisas erradas, e que sua produtividade esteja prejudicada.

PREGUIÇOSOS OCUPADOS

O que é surpreendente e também absurdo é que essas duas características podem colidir entre si para formar uma grande tempestade. Aliás, uma das razões para eu ter desenvolvido uma necessidade e um apreço tão grandes pela produtividade é que essa combinação foi exatamente o que eu constatei na minha vida. Sou naturalmente preguiçoso, o que significa que tendo a ignorar e procrastinar minhas responsabilidades. Aquele ensaio pode esperar mais alguns dias, aquele livro pode ficar ali mais um pouco, ainda não recebi a carta de notificação de atraso daquela conta, posso ter aquela conversa franca com minha filha amanhã. Mas o prazo da conta acabou vencendo, o ensaio precisava ser entregue, minha filha simplesmente precisava do pai e eu mudei de preguiçoso para frenético, de ocioso para louco. O período de muita ocupação me deixava tão cansado que eu perdia as forças e acabava me convencendo de que havia conquistado o direito de relaxar e passar algum tempo inativo.

CARDOS E ABROLHOS

Tanto a preguiça como o excesso de ocupação constituem problemas que surgem de nosso interior. São defeitos em nosso

---

3   Kevin DeYoung. *Super Ocupado*. São José dos Campos, SP: Fiel, 2014.

caráter que se desenvolvem em nossas vidas. E, como se não fossem problemas suficientemente difíceis, também enfrentamos os desafios externos.

Deus nos criou para viver perfeitamente em um mundo perfeito, em que tudo funcionava para nos favorecer. Mas, quando o homem se rebelou contra Deus, Deus explicou que haveria consequências. Haveria consequências até mesmo para o trabalho, para a produtividade. "Maldita é a terra por tua causa; em fadigas obterás dela o sustento durante os dias de tua vida. Ela produzirá também cardos e abrolhos, e tu comerás a erva do campo" (Gn 3.17b-18). O castigo não foi o próprio trabalho, mas a dificuldade que o acompanharia. O que antes era fácil iria se tornar difícil. A terra que só produzia boas plantas agora seria um campo de batalha entre boas plantas e os cardos e abrolhos que ameaçariam sufocá-las.

O que é verdade para a agricultura se aplica a todos os outros trabalhos. Toda tarefa terá de enfrentar esses "cardos e abrolhos", essas dificuldades que constantemente ameaçam a produtividade. E, até o dia de hoje, seja qual for nossa vocação, cada um de nós precisa lidar com eles e mantê-los a distância. O motorista de caminhão é insultado no trânsito, o médico tem pacientes que não aparecem para a consulta, o conferencista perde o voo, a dona de casa recebe a ligação da escola informando que seu filho está muito mal de gripe e precisa voltar para casa.

A RAIZ DO PROBLEMA

Talvez seja o excesso de ocupação, talvez seja a preguiça, talvez sejam os cardos e os abrolhos ou talvez seja alguma outra coisa, mas o que quer que impeça você de fazer o bem aos outros é um problema — um problema sério. É um problema que o impede de fazer a obra que você foi chamado a realizar no curto tempo que ele lhe dá aqui na terra, o que significa que a falta de produtividade — ou a lamentável diminuição da produtividade — é, em primeiro lugar, um problema teológico. É a incapacidade de compreender ou aplicar as verdades que Deus revela na Bíblia.

Você quer viver de maneira que beneficie as pessoas e glorifique a Deus? É claro que sim. Então, o que o impede de viver dessa forma? O que diminui sua produtividade ou a rouba por completo? Seja qual for a resposta, é algo que precisa identificado e erradicado. Precisa ser destruído e substituído, pelo bem das pessoas e para a glória de Deus.

UM CHAMADO PARA AGIR

Esse tipo de produtividade bíblica genuína é um chamado para agir em todas as áreas da vida: você precisa estruturar e organizar sua vida para que se torne capaz de fazer o máximo de bem possível pelas pessoas e, assim, glorificar a Deus ao máximo. Jesus chama você para deixar sua luz brilhar diante dos homens, e essa luz é mais parecida com um *dimmer* — que muda gradualmente a intensidade da luz — do que com um simples botão "liga e desliga". Você pode refletir mais ou menos dessa luz para brilhar diante dos homens. Quanto mais você a deixa brilhar, mais as pessoas veem suas boas obras e mais elas glorificarão a Deus. A escolha está diante de você todos os dias.

Essa verdade significa que a produtividade não tem a ver somente com o que você faz no ambiente de trabalho. Não tem a ver somente com seu sucesso na atividade que consome a maior parte do seu tempo e da sua atenção a cada semana. Tem a ver com todas as áreas da sua vida. Tem tudo a ver com sua vida pessoal, sua vida em família, sua vida eclesiástica e todo o resto.

UM CHAMADO AO CARÁTER

O tipo de produtividade que temos descrito aqui não tem a ver somente com o que você faz, mas também com quem você é. Você precisa ser determinado tipo de pessoa antes de ter a capacidade de viver esse tipo de vida. Que tipo de pessoa você precisa ser? Você precisa ser um cristão — uma pessoa que creu em Jesus Cristo e recebeu o perdão por seus pecados, uma pessoa que desistiu de viver para si mesma e começou a viver para a glória de Deus. Se você confiou verdadeiramente em Cristo, desejará ser como Cristo, mortificando todo pecado que existe em você e ressuscitando para toda justiça e santidade. Você desejará praticar tudo o que for necessário para apresentar Deus como grandioso.

Deus chama você à produtividade, mas para o tipo certo de produtividade. Ele chama você para ser produtivo por causa dele, e não por causa de você. Embora este livro enfatize ferramentas, sistemas e outros importantes elementos de produtividade, nada é mais importante do que sua própria santidade e sua própria piedade. Não há organização ou administração de tempo que possam compensar a falta de caráter cristão, não no que se refere a este grande chamado para glorificar fazendo o bem: glorificar a Deus fazendo o bem às pessoas.

UM DESAFIO

Fico feliz que você queira enfatizar a produtividade, mas de nada adianta ser um monstro da produtividade se o resto da sua vida estiver fora de controle. A produtividade — fazer o bem — precisa abranger todas as áreas da sua vida, e não somente uma. Já foi amplamente demonstrado (e condiz com a minha experiência) que existem determinados hábitos e práticas que conduzem ao sucesso em outras áreas da vida. A disciplina e o autocontrole em uma área ajudam em outras áreas; em contrapartida, negligenciar a disciplina e o autocontrole em qualquer área de relevo torna mais difícil enfatizar a disciplina e o autocontrole em outras áreas. Pode haver uma espécie de reação em cadeia que aumenta a ordem ou o caos.

Mesmo que você esteja certo no sentido de que aumentar a produtividade é a necessidade mais urgente da sua vida, quero encorajá-lo a ampliar seu horizonte e escolher pelo menos outro importante hábito para enfatizar simultaneamente. Se você tem sido negligente em suas devoções pessoais, comprometa-se com esse hábito. O exercício físico talvez seja o mais importante e o mais óbvio desses hábitos, pois traz benefícios para praticamente todas as outras áreas da sua vida. Enquanto você busca produtividade, escolha um ou dois outros hábitos para enfatizar paralelamente e espere por uma reação em cadeia.

Ação: Escolha pelo menos um hábito além da produtividade que você buscará desenvolver enquanto lê e aplica este livro.

TRÊS

DEFINA SUAS RESPONSABILIDADES

Não se engane: não é fácil viver neste mundo. Nós, seres humanos, somos criaturas finitas que lidam com exigências infinitas. Existem tantas coisas que *poderíamos* fazer em nossas vidas em qualquer dado momento, mas poucas são aquelas que realmente *podemos* fazer. Há uma quantidade ainda menor de coisas que somos capazes de fazer com excelência. Boa parte de nossas vidas envolve a tentativa de encontrar o equilíbrio apropriado entre exigências que competem entre si. Nós temos famílias, igrejas, hobbies e empregos, e todos competem entre si pelas 168 horas que recebemos a cada semana. Embora o tempo seja tão limitado, as diferentes possibilidades na maneira de usar o tempo são ilimitadas. A produtividade depende de promovermos a paz em cada uma das diferentes tarefas que poderíamos priorizar em qualquer dado momento.

Ao entrarmos na seção prática deste livro, quero trazer paz para sua vida. Os primeiros passos em direção à paz envolvem uma auditoria de sua vida. Vou guiá-lo enquanto você analisa sua própria vida através de um tipo de lente grande-angular e, juntos, vamos coletar algumas informações importantes. É o que faremos ao longo dos próximos capítulos.

Compreendo que essa abordagem pode não parecer suficientemente prática — você quer pular direto para a parte de criar listas de afazeres, organizar informações e realizar tarefas. Nós chegaremos lá, eu prometo. Mas ainda não é a hora. Já tentei cortar o caminho, mas sempre acaba dando errado. Confie em mim e seja paciente, pois você verá que esses capítulos são tão práticos quanto o que vem depois.[4]

ÁREAS DE RESPONSABILIDADE

Cada um de nós tem áreas pelas quais é responsável diante de Deus. Todos somos responsáveis pelo cuidado de nossos corpos e de nossas almas. Os pais são responsáveis pelo bem-estar físico e espiritual de seus filhos; os maridos têm a responsabilidade de sustentar suas esposas; os pais têm a responsabilidade de sustentar seus filhos; os membros da igreja têm a responsabilidade de amar uns aos outros; todo cristão tem a responsabilidade de cuidar dos pobres e de compartilhar o evangelho. E essa lista é só o começo. Essas responsabilidades podem nos sobrecarregar se não forem organizadas.

Pense na parábola de Jesus sobre os talentos, em Mateus 25. Jesus descreve um mestre que foi viajar e confiou seus bens aos servos. Ele deixou diferentes quantias com cada servo e se ausentou por um tempo. Dois servos investiram o dinheiro bem e obtiveram um bom lucro. O terceiro servo não quis se arriscar e enterrou o dinheiro.

---

4 N do E: Se o leitor tem familiaridade com a língua inglesa, acesse challies.com/domorebetter e baixe a planilha de produtividade oferecida pelo autor do livro.

Defina suas Responsabilidades

Então, o mestre voltou. "Depois de muito tempo, voltou o senhor daqueles servos e ajustou contas com eles" (Mt 25.19). Aqueles que serviram como administradores fiéis dos bens de seu mestre foram recompensados: "Disse-lhe o senhor: Muito bem, servo bom e fiel; foste fiel no pouco, sobre o muito te colocarei; entra no gozo do teu senhor" (Mt 25.21-23). Todavia, o servo infiel recebeu uma terrível repreensão: "Servo mau e negligente!" (25.26). O ponto é claro: Deus recompensa aqueles que administram com fidelidade o que ele lhes confiou.

O que o Senhor lhe confiou? O que ele colocou sob a sua responsabilidade? Se o mestre deu talentos aos servos e exigiu que prestassem contas, o que Deus lhe deu e onde exigirá essa prestação de contas? Quero que você elabore uma lista de cada uma de suas áreas de responsabilidade. Você terá de refletir sobre todas as áreas da vida e criar categorias amplas, fazendo a seguinte pergunta: Diante de Deus, qual é a minha esfera de responsabilidade?

Agora, aqui está o desafio: você precisa colocar cada responsabilidade da vida em uma categoria, mas com a menor quantidade de categorias possível. Minha sugestão é que você crie cinco ou seis categorias, mas nunca mais do que nove.

Deixe-me mostrar como eu fiz isso pensando em minha própria vida. Estruturei minha vida em função de cinco áreas de responsabilidade:

- Pessoal
- Família
- Igreja
- Social
- Negócios

FAÇA MAIS E MELHOR

Não há responsabilidade em minha vida que esteja fora dessas cinco áreas. Se me pedirem para ser alguma coisa ou fazer alguma coisa, se me pedirem para dedicar tempo ou atenção a alguma coisa, tudo se encaixará em uma dessas cinco áreas.

Algumas dessas áreas de responsabilidade são iguais à sua, mas talvez você tenha outras. Com certeza, você tem responsabilidades pessoais — precisa cuidar do seu corpo e da sua alma, precisa se vestir e se alimentar. É quase certo que você também tenha responsabilidades familiares, sejam elas relacionadas ao cônjuge, aos filhos, aos pais, aos irmãos ou a todos eles. Como cristão, você sabe que foi posto por Deus na comunidade da igreja local e recebeu dele todos aqueles mandamentos do Novo Testamento sobre responsabilidades mútuas, então você também precisa de uma área da responsabilidade para a igreja. Você também tem as responsabilidades sociais de ser um amigo dedicado e um vizinho evangelista. Talvez você seja um estudante com responsabilidade em relação aos estudos, um vice-diretor com responsabilidade de trabalho ou o organizador de um clube literário com responsabilidade referente a esse hobby.

Minha esposa estrutura sua vida em função de cinco áreas de responsabilidade:

- Pessoal
- Família
- Administração Familiar
- Social
- Igreja

Ela escolheu separar família e administração familiar para estabelecer distinção entre os membros da família e as tarefas de administração doméstica.

Defina suas Responsabilidades

Um amigo que é estudante e empregado em tempo integral estrutura sua vida em função de seis áreas:

- Pessoal
- Família
- Igreja
- Estudos
- Amigos
- Trabalho

Talvez sua lista seja exatamente igual a essa ou talvez tenha somente alguns elementos em comum. Nossas vidas são diferentes, razão pela qual temos diferentes áreas de responsabilidade. *Vive la différence!*

Ação: Use a planilha de produtividade para criar uma lista com suas áreas de responsabilidade.

OBRIGAÇÕES

Agora que você pensou nessas amplas áreas de responsabilidades, quero que comece a defini-las com mais clareza. Você fará isso listando as obrigações, as tarefas ou os projetos que pertencem a cada área. Comece pela área de responsabilidade pessoal. Quais obrigações você tem nessa área? Quais tarefas Deus lhe deu? Quais projetos estão em andamento ou você gostaria de iniciar? Quais critérios Deus poderá usar quando exigir que você preste contas? Comece a anotá-los à medida que for lembrando, mas não se preocupe se esquecer algumas coisas — depois você poderá fazer acréscimos a essa lista.

Quando terminar a área de responsabilidades pessoais, passe para a área da família e depois faça o mesmo com os outros tópicos da lista, até finalizar todas as áreas de responsabilidades.

FAÇA MAIS E MELHOR

Para ilustrar, vou mostrar algumas obrigações que se encaixam em algumas de minhas áreas de responsabilidades e darei alguns exemplos do que está incluído em cada uma.

ÁREA DE RESPONSABILIDADE: PESSOAL

- *Aptidão espiritual.* A aptidão espiritual requer a leitura da Escritura, a oração, a assiduidade na igreja e a leitura de bons livros.
- *Aptidão física.* Preciso cuidar do meu corpo, então essa área inclui dieta, exercício e outros elementos.
- *Administração.* Essa área cobre o planejamento habitual, a revisão e outras tarefas administrativas.

ÁREA DE RESPONSABILIDADE: FAMÍLIA

- *Cuidado e liderança espiritual.* Como marido e pai, tenho a responsabilidade de guiar minha esposa e filhos, e também de cuidar de suas almas.
- *Casa.* Embora eu não seja hábil, tenho, ainda assim, a responsabilidade de garantir a preservação da casa em bom estado.
- *Cuidado financeiro.* Na divisão de trabalho entre mim e minha esposa, assumi a supervisão das finanças, que envolve nosso orçamento e a mesada das crianças.
- *Desenvolvimento familiar.* Eu planejo nossas férias e me asseguro de passar noites em família regularmente.

ÁREA DE RESPONSABILIDADE: IGREJA

- *Reunião dos presbíteros.* Essa área inclui algumas responsabilidades, como, por exemplo, preparar e liderar nossas reuniões, e garantir que os tópicos sejam todos abordados.

Defina suas Responsabilidades

- *Discipulado.* Existem determinadas pessoas com quem me encontro regularmente, com propósitos de discipulado.
- *Reuniões dos membros.* Costumo organizar e liderar a reunião ordinária dos membros da igreja, o que envolve preparar o cronograma, elaborar um pequeno devocional e atuar como moderador.
- *Centro de atendimento às gestantes.* Eu faço parte da diretoria de um centro local de atendimento às gestantes, que está associado à nossa igreja, e isso abrange reuniões da diretoria, responsabilidades do comitê e apoio espiritual.

Como ocorre com as áreas de responsabilidade, é melhor listar uma quantidade menor de obrigações que incluem diversos itens do que listar centenas de obrigações. Seja o mais completo possível, mas saiba que essa é uma lista viva, pois você pode adicionar e remover obrigações regularmente.

Ação: Usando a planilha de produtividade, faça uma lista com suas obrigações, tarefas e projetos em cada área de responsabilidade.

QUATRO

DECLARE SUA MISSÃO

Você já está trazendo muita ordem para sua vida por meio dessa simples auditoria. Você já definiu suas áreas de responsabilidade e agora dispõe de uma lista completa de muitas tarefas, obrigações e projetos que se encaixam em cada área. Você começou muito bem! Isso significa que já está pronto para sua próxima tarefa.

Reflita novamente acerca da definição de produtividade: Produtividade é *administrar seus dons, talentos, tempo, energia e entusiasmo com eficácia pelo bem das pessoas e para a glória de Deus.* Você tem uma quantidade limitada de dons, talentos, tempo, energia e entusiasmo, mas existem maneiras ilimitadas de alocar tudo isso. Portanto, a produtividade envolve tomar decisões sobre como alocar esses recursos finitos. Muitas decisões envolvem dizer "sim" ou "não" — "sim" para as responsabilidades que parecem oferecer as melhores oportunidades de fazer o bem a outras pessoas; e "não" para aquelas que parecem oferecer menos oportunidade para você e para outras pessoas. Com frequência, são decisões muito difíceis ou até mesmo angustiantes. Mas essas decisões se tornam mais simples quando você conhece bem sua missão.

MISSÃO

Como cristãos, nós temos uma missão. Nossa missão é fazer o bem às pessoas de um modo que glorifique a Deus. Esse é nosso objetivo no sentido mais amplo, mas nós precisamos encontrar maneiras de cumprir essa missão nos detalhes da vida. Então, o que eu quero que você faça agora é olhar para cada uma de suas áreas de responsabilidade e definir sua missão em cada uma delas. Afinal, mesmo quando suas obrigações e áreas de responsabilidade estão bem organizadas, você continua não dispondo de meios para saber onde deve ou não investir esforços. Deixe-me guiá-lo nessa questão.

DEFINA SUA MISSÃO

Entendo que a ideia de definir sua missão pode soar intimidadora, então deixe-me tirar um pouco dessa tensão.

Muitos gurus da produtividade dizem que você precisa ter uma declaração de missão ampla e personalizada, que inclua todas as esferas de sua vida e todas as áreas de responsabilidade. Isso é algo que me paralisa, que me deixa intimidado e que eu nunca consegui fazer. Mas considero muito útil preparar uma declaração de missão limitada para cada área de responsabilidade. Eu tenho cinco áreas de responsabilidade. Por isso, tenho cinco declarações de missão.

Deixe-me tirar um pouco mais dessa tensão. Minhas declarações de missão não são fixas ou imutáveis. O propósito primário delas é guiar-me semanalmente na hora de organizar minha agenda e tomar decisões sobre onde devo focar meus esforços. Então, embora eu não as mude aleatoriamente e sem uma boa razão, tenho a liberdade de ajustá-las à medida que minha missão vai-se tornando mais clara e passa por transformações ao longo da vida. O valor primário de enxergar essas declarações como "vivas" é que eu não fico estagnado, tentando definir uma missão que me guie hoje e também daqui a vinte anos.

Se você sente que será beneficiado por uma declaração de missão para sua vida inteira, fique à vontade para criar uma. Mas, no mínimo, quero que você comece a refletir sobre uma declaração de missão para cada área de responsabilidade. Você pode preparar alguma coisa hoje e, depois, passar alguns dias, semanas ou até mesmo meses aprimorando-a.

Deixe-me dar alguns exemplos de declaração de missão. Essas são minhas declarações para três áreas de responsabilidade: meu trabalho na igreja, meu negócio (que, na verdade, inclui meu ministério para a Igreja em geral e até para este livro!) e minha vida pessoal:

IGREJA

> *Ensinar, liderar e servir o povo da Grace Fellowship Church [Igreja Comunhão da Graça] enquanto eles amadurecem e se multiplicam.*

Explicação: Acredito que, se as pessoas de nossa igreja estiverem vivendo como cristãs, vão amadurecer na fé e se multiplicar ao compartilhar o evangelho com outras pessoas. Meu papel na igreja envolve, basicamente, ensinar e treinar, tanto em contextos formais como em contextos informais; quero fazer essas coisas de maneira que as pessoas da igreja sejam direcionadas a amadurecer e se multiplicar. Tudo isso faz parte de minha pequena declaração de missão.

FAÇA MAIS E MELHOR

NEGÓCIOS

> *Use as oportunidades que Deus dá para ajudar as pessoas a pensar e a viver como cristãos maduros.*

Explicação: Ao longo dos anos, minha principal missão como escritor e palestrante ganhou destaque. O que eu amo fazer (e o que creio que Deus me deu o dom para fazer) é ajudar as pessoas a pensar e a viver como cristãos maduros e em processo de amadurecimento. Esse é o foco do meu blog, dos meus livros e das minhas palestras.

PESSOAL

> *Alegrar-se em Deus para a glória de Deus, pelo bem de todas as pessoas.*

Explicação: Acredito que, se estou me alegrando em Deus, minha alegria glorifica a Deus e transborda na prática de fazer o bem às pessoas. Sou um pai melhor, um marido melhor, um pastor melhor e um vizinho melhor quando é no Senhor que encontro minha alegria. Em resumo, sou mais produtivo quando estou mais satisfeito em Deus.

Cada uma dessas declarações serve como um padrão para que, a cada semana, eu possa olhar para trás e perguntar: "Eu realizei essas coisas?". E cada uma dessas declarações serve como uma chamada para a ação, para que eu possa olhar para a semana seguinte e perguntar: "Como realizarei essas coisas?".

Ação: Redija uma pequena declaração de missão para cada área de responsabilidade. Esforce-se para fazer o melhor agora e prepare-se para continuar aperfeiçoando sua ação com o passar do tempo.

VOCÊ ESTÁ EM UMA MISSÃO?

Vamos fazer uma pequena pausa e considerar o que já fizemos. Nós já perguntamos: "O que você está fazendo?" e "Quais são suas responsabilidades?". Com base nisso, preparamos uma missão para cada área de responsabilidade. Mas o que ainda não fizemos é perguntar: "Isso é o que você *deveria* estar fazendo?".

O que eu quero que você faça agora é olhar com atenção para as obrigações, as tarefas e os projetos relativos a cada área de responsabilidade e pergunte a si mesmo se é o que você deveria estar fazendo. As coisas que você faz realmente se encaixam em sua missão?

Ao longo do tempo, você inevitavelmente acumula obrigações, tarefas e projetos que não se encaixam em sua missão. "Do mesmo modo que o armário logo fica abarrotado quando se acumulam roupas que nunca usamos, nossa vida logo se enche quando os compromissos e as atividades que aceitamos, na melhor das intenções, vão se acumulando."[5] Às vezes, você aceita tarefas por necessidade — não há mais ninguém que possa fazê-las. Às vezes, você aceita projetos por uma má administração — foi algo que seu chefe empurrou para você e não havia como você recusar. Algumas vezes, você aceita determinadas obrigações simplesmente por temor do homem — você se sentia muito amedrontado para dizer "não" ou estava muito ansioso para impressionar as pessoas com sua disposição de

---

5 Greg Mckeown. *Essencialismo*. Rio de Janeiro: Sextante, 2015.

fazer tudo. Ou talvez sua missão tenha mudado ou tenha se tornado mais focada em um ponto específico. Mas, de uma forma ou de outra, nossa vida acaba se tornando como uma gaveta de quinquilharias, cheia de coisas sem utilidade.

Seu objetivo primário em relação à produtividade não é fazer mais coisas, mas praticar mais o bem. Em geral, sua capacidade de fazer o bem às pessoas é maior quando você tem menos obrigações e projetos do que quando você tem mais. É bem melhor dar muita atenção às áreas em que você tem um talento ou um dom especial do que dar pouca atenção às muitas áreas em que você não tem talento. "Somente quando você se der o direito de parar de tentar fazer tudo e de parar de dizer 'sim' para todo mundo é que você estará oferecendo as melhores contribuições para as coisas que realmente importam."[6] O que realmente é importante em sua vida?

Randy Alcorn é uma das muitas vozes em defesa da negligência planejada. Ele diz:

> A chave para uma vida de produtividade e contentamento é a "negligência planejada" — saber o que não fazer e aceitar dizer não para oportunidades realmente boas, às vezes fantásticas. Isso acontece somente quando você percebe o quanto você é realmente limitado, que você precisa administrar sua pequena vida e que, dentre todas as melhores coisas que existem para fazer no planeta, Deus quer que você faça somente uma quantidade minúscula.[7]

---

6 Greg Mckeown. *Essencialismo*. Rio de Janeiro: Sextante, 2015.
7 Randy Alcorn, "A Lesson Hard Learned: Being Content with Saying No to Truly Good Opportunities" (10 de novembro de 2014), *Eternal Perspective Ministries*, acessado no dia 5 de novembro de 2015, https://www.epm.org/blog/2014/Nov/10/saying-no.

Você só terá começado a viver de maneira focada e produtiva quando disser "não" a grandes oportunidades que simplesmente não se encaixam em sua missão. Existem muitas coisas boas neste mundo que não serão realizadas ou que terão de ser realizadas por outra pessoa.

Então, focado em sua missão, retorne a cada área de responsabilidade, examine a lista de obrigações e projetos e faça perguntas como estas:

- Essas são as coisas certas e melhores para eu fazer?
- Essas coisas se encaixam em minha missão?
- Existem coisas que eu posso fazer nessa área que ninguém mais pode fazer?
- Eu tenho um dom ou um talento especial nessa área?
- A minha contribuição faz diferença?
- Existe alguém que poderia fazer isso melhor do que eu?

Eu sei que, na minha igreja, sou constantemente tentado a assumir mais tarefas ou projetos que seriam realizados com mais qualidade por um diácono ou um administrador. Ter essas coisas feitas por alguém vocacionado, mais bem preparado e equipado me deixa livre para me focar em minha missão principal. Mas, como alguém que ama a aprovação das pessoas, sinto-me tentado a assumir obrigações que estão fora do escopo da minha missão principal. No fim das contas, só servem para tirar o foco das coisas que realmente importam. Eu precisei aprender a dizer lentamente "sim" e a dizer rapidamente "não".[8] Minha capacidade de tomar decisões sábias está

---

8 Greg Mckeown. *Essencialismo*. Rio de Janeiro: Sextante, 2015.

diretamente ligada à compreensão que tenho da minha missão. Quando me sinto confiante em minha missão, sinto-me confiante quanto às minhas decisões.

Ação: Olhe para cada tarefa, obrigação e projeto nas áreas de responsabilidade e escolha aqueles que não se encaixam em sua missão.

A SOBRA

A esta altura, talvez você tenha identificado alguns projetos, tarefas e obrigações que não se encaixam em sua missão. E você tem diversas opções para lidar com cada um deles.

Você pode simplesmente *desistir*. É possível que você descubra que não existem boas razões para fazer determinadas coisas. Por exemplo, muitas igrejas têm ministérios que começaram por motivos válidos há muitos anos, mas o ministério acabou se tornando redundante ou desnecessário. Se um ministério não tem um propósito claro hoje, certamente seria melhor investir o tempo e a energia em outro lugar. Só porque aquele ministério ou projeto teve um passado grandioso, não significa que necessariamente precise ter um futuro.

Você pode *delegar* essas responsabilidades a alguém que é mais capacitado para cumpri-las. Talvez você venha administrando o orçamento da família, mas, então, se dá conta de que seu cônjuge consegue fazer isso melhor ou que pode dar mais atenção a essa tarefa. Pergunte se seu cônjuge quer assumir esse encargo.

Você pode *fazer*. Antes de desistir de tudo que não se encaixa perfeitamente em sua missão principal, lembre-se de que seu chamado primário na vida é fazer o bem às pessoas. Isso é o que faz com que a produtividade cristã seja incomparável. A maioria dos gurus da produtividade irá encorajá-lo a ser egoísta se for necessário, a se livrar de qualquer coisa de que você não goste ou que não seja do seu interesse. Mas, como cristão, você sabe que pode fazer coisas que não se encaixam perfeitamente em sua missão por amor a Deus e com o desejo de glorificá-lo.

Deus pode chamá-lo para fazer determinadas coisas simplesmente porque precisam ser feitas, e ele espera que sejam feitas com alegria e excelência. Talvez você receba dele o dom espiritual para cumprir o chamado com a mais alta excelência. Como disse Gene Edward Veith,

> Basicamente, sua vocação deve ser encontrada na posição que você ocupa atualmente. Uma pessoa que se encontra em um emprego sem futuro talvez tenha ambições mais altas, mas, por enquanto, aquele emprego, por mais humilde que seja, é sua vocação. Fazer hambúrgueres, limpar quartos de hotel, esvaziar penicos são todas atividades que têm dignidade como vocações, esferas de expressar amor pelo próximo através do serviço altruísta, no qual Deus é representado.[9]

Ação: Escolha se você vai desistir, delegar ou cumprir cada uma dessas obrigações, tarefas ou projetos que não se relacionam com a missão.

CONCLUINDO A AUDITORIA

Concluímos a auditoria. Você reuniu as informações necessárias e agora está quase pronto para usá-las. Mas, antes, precisamos escolher suas ferramentas.

---

9 Gene Edward Veith Jr. *A espiritualidade da cruz*. Porto Alegre: Concórdia, 2005.

TÓPICO PARALELO: METAS

Muitos livros sobre produtividade incluem uma seção volumosa que lida com metas — a importância das metas, como traçá-las e como conseguir cumpri-las. Para algumas pessoas, as metas catalisam; para outras, contudo, paralisam. Algumas pessoas se desenvolvem a partir de metas de longo prazo e de curto prazo, enquanto outras nem pensam em estabelecer, atingir ou bater metas. Pessoalmente, vejo metas como um componente da produtividade que é útil, mas também opcional.

As metas podem ser especialmente úteis para tornar as missões mais práticas. Uma missão é necessariamente um tipo amplo e abrangente de declaração, mas pode tornar-se mais prática com o estabelecimento de metas. Algumas metas podem ser muito amplas e exigir muito tempo para que sejam cumpridas, enquanto o cumprimento de outras pode ser muito simples. Algumas metas são para a vida inteira, enquanto outras são para um só dia. Existe espaço para os dois tipos de metas.

Se você é o tipo de pessoa que se desenvolve a partir de metas, eu recomendaria encaixá-las agora — depois de definir sua missão. Crie metas que fluam de suas áreas de responsabilidade e que o ajudem a ter êxito em sua missão.

Você pode guardar essas metas na ferramenta de gestão de informações (Capítulo 8), cumprir as metas por meio de uma série de tarefas (Capítulo 6) e estabelecer uma rotina (Capítulo 10) para garantir que serão revisadas com certa regularidade. Embora o tipo de sistema de produtividade que eu apresento neste livro não dependa de metas, está apto a lidar com elas.

CINCO

ESCOLHA SUAS FERRAMENTAS

As ferramentas são essencialmente humanas. Na aurora da história humana, Deus criou duas pessoas, nuas e sozinhas em um jardim, e deu-lhes uma tarefa gigantesca: deveriam exercer domínio sobre toda a terra e enchê-la de pessoas (Gn 1.28). Eles só poderiam ser bem-sucedidos nesse chamado se desenvolvessem ferramentas apropriadas para a tarefa: arados para preparar a terra para o que seria plantado, serras para cortar madeira e transformá-la em combustível e pontes para atravessar rios. Os primeiros humanos eram completamente dependentes de suas ferramentas e, desde então, cada um de nós, em todas as áreas da vida, depende das ferramentas. Isso inclui você, em sua busca por produtividade.

Como você depende tanto de suas ferramentas, tem todas as razões para se assegurar do uso das melhores delas. Um médico provavelmente é capaz de realizar uma cirurgia com um estilete se necessário, mas você preferiria que ele operasse você com um bisturi — e que fosse um bisturi de altíssima qualidade. Você pode ir ao seu quintal e derrubar uma árvore com um pé de cabra, mas fará um trabalho bem melhor e mais rápido se usar um machado. No entanto, muitas pessoas tentam ser produtivas com ferramentas que são inadequadas para as respectivas tarefas.

Você depende de ferramentas para realizar tarefas que não seria capaz de realizar sozinho ou para realizá-las melhor. Quando se trata de produtividade, suas ferramentas podem compensar muitas deficiências que você tem e realizar coisas que você não quer fazer sozinho. Você não tem uma boa memória para fatos e informações corriqueiras — fatos como o número da apólice de seguro, o horário do voo ou o lugar em que deixou seu carro estacionado no jogo. Existem ferramentas apropriadas para inserir, arquivar e acessar esse tipo de informação para você. Você não tem uma boa memória para todas as tarefas que precisa realizar em um dia — o que talvez justifique o fato de você passar a noite sem dormir, tentando desesperadamente lembrar-se de todas as obrigações e prazos para o dia seguinte e também para a semana seguinte. Existem ferramentas que podem administrar esses itens para você e apresentá-los bem na hora em que você precisa.

Em grande medida, sua produtividade depende de você identificar e usar as melhores ferramentas para a realização da tarefa e, em seguida, aumentar sua habilidade de utilizá-las. Essa realidade não é diferente de qualquer outra área da vida. Os pregadores precisam encontrar e aprender a usar os melhores dicionários, concordâncias e comentários bíblicos, e, quando fazem isso, são capazes de pregar sermões melhores. Os músicos estão constantemente buscando instrumentos melhores e estão sempre praticando para tocar com mais habilidade. Os atletas aperfeiçoam seus corpos e buscam o melhor e mais atualizado equipamento. E você, em seu desejo de ser produtivo, terá de escolher boas ferramentas e aprender a utilizá-las bem.

Meu foco será nas ferramentas de software: programas e serviços. Evidentemente, o software precisa do hardware, mas as necessidades de hardware são mínimas: um notebook ou um computador desktop básico já é o suficiente. Um smartphone também seria um ótimo recurso. O software que vou recomendar funciona praticamente em qualquer plataforma de computador ou telefone celular.

TRÊS FERRAMENTAS ESSENCIAIS

A produtividade eficaz depende de três ferramentas e da maneira como se relacionam entre si.

- *Ferramenta de gestão de tarefas.* Uma ferramenta de gestão de tarefas permite que você registre e organize seus projetos e tarefas.
- *Ferramenta de agendamento.* Uma ferramenta de agendamento permite que você organize seu tempo e avisa sobre eventos e compromissos pendentes.
- *Ferramenta de informação.* Uma ferramenta de informação permite que você insira, arquive e acesse as informações necessárias.

Deixe-me descrever, de modo sucinto, essas ferramentas e fazer recomendações para cada uma delas.

A primeira ferramenta essencial é aquela que a maioria das pessoas menos conhece: uma ferramenta de gestão de tarefas. Uma ferramenta de gestão de tarefas permite que você registre e organize seus projetos, tarefas e ações. Uma versão mais antiga dessa ferramenta é uma agenda ou uma simples folha de papel com uma lista de tarefas que precisam ser realizadas e uma lista de pequenos quadrados que precisam ser marcados quando as tarefas são realizadas. Atualmente, existem excelentes novos programas que podem administrar todos os seus projetos e tarefas.

Eu recomendo Todoist (todoist.com) como sua ferramenta de gestão de tarefas. Todoist registra, organiza e mostra seus projetos e tarefas, emitindo notificações sobre o que é mais urgente. É acessível através de um navegador ou por meio de aplicativos, o que o torna acessível em qualquer lugar no qual você tenha à disposição um computador ou um dispositivo móvel. (Alternativas incluem Wunderlist, Asana, Things, OmniFocus e muitos outros.)

A segunda ferramenta é para agendamento. Uma ferramenta de agendamento permite que você organize seu tempo e emite notificações sobre eventos e compromissos pendentes. Uma versão mais antiga dessa ferramenta era o calendário da família pendurado na parede ou preso por ímãs na geladeira. Atualmente, existem calendários eletrônicos que apresentam a maioria dos pontos fortes do calendário de papel, mas que também dispõem de muitos poderosos recursos adicionais, como, por exemplo, a capacidade de emitir uma notificação antes do evento ou até mesmo de avisar sobre problemas no trânsito que talvez você precise saber.

Recomendo o Google Agenda (calendar.google.com) como uma ferramenta de agendamento. O Google Agenda vai registrar e mostrar todos os seus importantes eventos, reuniões e compromissos e, por meio da função de notificação, também

Escolha suas Ferramentas

vai alertá-lo antes de qualquer reunião ou compromisso que estiver prestes a acontecer. É acessível por um navegador ou por meio de muitos aplicativos diferentes; esse recurso torna possível usá-lo em qualquer lugar no qual você disponha de um computador ou de um dispositivo móvel.

Alternativas incluem Apple Calendar, Outlook e muitos outros.

A terceira ferramenta essencial é uma ferramenta de informação. Uma ferramenta de informação permite que você insira, arquive e acesse informações. Não faz muito tempo, essas ferramentas existiam na forma de arquivos separados por pastas com folhas de papel em cada pasta. Continua a ser um paradigma familiar. Mas, atualmente, as ferramentas eletrônicas de informações ajudam você a arquivar todas (ou a maioria) as suas informações eletronicamente, e isso gera muitos benefícios importantes, como, por exemplo, o acesso universal (você pode acessar seus documentos de onde estiver) e a facilidade de busca (basta apertar algumas teclas para pesquisar toda a sua coleção de informação).

Eu recomendo Evernote (evernote.com) como sua ferramenta de informação. Evernote é um poderoso software que permite que você insira praticamente qualquer tipo de informação. Após a informação ser inserida, é arquivada, indexada e preparada para uso posterior. Evernote pode ser instalado em quase todos os tipos de computadores e é acessível em qualquer lugar no qual você disponha de um computador ou de um dispositivo móvel.

Alternativas incluem OneNote, Notability e muitos outros.

Ação: Escolha uma ferramenta de agendamento, uma ferramenta de gestão de tarefas e uma ferramenta de informação.

UM PRINCÍPIO DE ORGANIZAÇÃO

Sua produtividade depende do uso efetivo e consistente dessas três ferramentas, bem como do gerenciamento eficaz da interação entre elas. Agora, vou apresentar um importante princípio de organização que sempre servirá de referência para você. Trata-se de um princípio que abrange todas as áreas da vida, mas que se mostra especialmente útil em organizar seu sistema de produtividade. O princípio é o seguinte: *um lugar para tudo e os iguais ficam juntos.*

Não seja enganado pela simplicidade dessa regra: é um princípio muito, muito importante. Se você aplicasse, de modo consistente, esse princípio em toda a sua casa ou em seu escritório, a organização seria perfeita. Você nunca mais teria problemas para encontrar aqueles itens que costuma esquecer onde guardou. Você sempre saberia onde está a chave do seu carro, pois, a menos que a estivesse usando, estaria no lugar de todas as outras chaves. Você sempre saberia onde encontrar uma extensão elétrica, pois, a menos que a estivesse usando, estaria no mesmo lugar das outras extensões.

Quando se trata de produtividade, esse princípio é igualmente poderoso. Se você aplicar esse princípio de forma consistente em todas as áreas de sua vida, sua vida será organizada e continuará assim. Você nunca mais ficará acordado se perguntando se não esqueceu um importante projeto ou tentando lembrar onde guardou aqueles documentos importantes relativos aos impostos. Esse princípio diz o que você deve fazer com suas informações, o que fazer com seus eventos, reuniões e compromissos e o que fazer com suas tarefas e projetos. Esse princípio diz que seus compromissos sempre precisam ser registrados no lugar dos compromissos, as informações sempre precisam ser registradas no lugar das informações e as tarefas sempre precisam ser registradas no lugar das tarefas. Isso significa que *compromissos* e *tarefas* nunca devem estar no mesmo lugar, e que *tarefas* e *informações* também nunca devem estar no mesmo lugar. Cada uma dessas coisas tem seu próprio lugar e deve ficar sempre lá.

Esse princípio também pode ser usado de maneira mais específica. Várias partes de uma informação que são iguais precisam ser mantidas no mesmo lugar, em sua ferramenta de informação. Várias tarefas que se relacionam ao mesmo projeto devem ser mantidas no mesmo lugar, em sua ferramenta de gerenciamento de tarefas. Isso diz a você que toda a informação relacionada a uma área de responsabilidade precisa ser mantida junto com as outras informações sobre essa área de responsabilidade, e que todas as suas tarefas relacionadas a um projeto precisam ser armazenadas com as outras tarefas relacionadas a esse projeto.

Espero que essa regra esteja bem internalizada, pois logo você dependerá dela.

FERRAMENTAS E ÁREAS DE RESPONSABILIDADE

Você já escolheu suas ferramentas e aprendeu o princípio que dirá quando usar cada uma. Agora, é chegada a hora de começar a usar essas ferramentas. Suas ferramentas funcionam melhor quando você tem um entendimento completo de suas áreas de responsabilidade. Quando começarmos a usar as ferramentas, você entenderá por que o incentivei a se esforçar tanto para definir suas responsabilidades e obrigações.

SEIS

INSIRA SUAS TAREFAS

A primeira ferramenta que você precisa dominar é a ferramenta de gestão de tarefas. Essa ferramenta representa o coração de um sistema eficaz de produtividade, e você vai usá-la para armazenar e organizar seus projetos, tarefas e ações. Embora as três ferramentas sejam importantes, nenhuma é mais decisiva para o funcionamento do sistema que essa. Aliás, em certo sentido, todas as outras ferramentas são complementos dessa, pois é essa que, diariamente, determinará e impulsionará suas ações.

Softwares de ferramentas de gestão de tarefas são relativamente novos, então talvez você tenha menos familiaridade com eles do que com as duas outras ferramentas essenciais. No passado, a maioria das pessoas utilizava calendários, diários, pedaços de papel, quadros brancos e caixas de e-mail para realizar as funções de uma ferramenta de gestão de tarefas. Hoje em dia, essas ferramentas criam novas possibilidades e novas habilidades para uma preocupação antiga: a necessidade de fazer as coisas.

Eu recomendo Todoist como uma ferramenta excepcional para a gestão de tarefas. Se você escolheu usar outro produto, precisa ser capaz de acompanhar os princípios e aplicá-los à ferramenta que escolheu.

Para organizar melhor as tarefas, Todoist oferece diversos níveis de estrutura ou hierarquia. Eu recomendo usar três: projetos, subprojetos e tarefas. Tarefas (itens individuais) entram nos subprojetos (conjuntos de projetos relacionados). Subprojetos podem ser agrupados em projetos (conjuntos de subprojetos relacionados). Em outras palavras, os projetos são compostos de subprojetos, enquanto os subprojetos são compostos de tarefas individuais. Não se preocupe se isso parece confuso, pois, aos poucos, vou explicar tudo.

Vamos falar sobre inserir sua vida em um sistema de gestão de tarefas e sobre como estruturar um fluxo de trabalho básico.

CONFIGURAÇÃO

Seu primeiro passo é visitar todoist.com e criar uma conta usando seu nome e endereço de e-mail. Você provavelmente achará mais fácil realizar a configuração inicial no navegador de seu desktop ou notebook em vez de usar seu dispositivo móvel. (Visite challies.com/domorebetter, para instruções mais detalhadas.)

Você vai estruturar Todoist em torno de suas áreas de responsabilidade. Você verá que Todoist já tem diversos projetos predefinidos: Compras, Trabalho, Tarefas e assim por diante. Delete todas, exceto a que tem o nome de "Pessoal". Depois de deletar todos os outros projetos, volte sua atenção para o projeto Pessoal. Você vai configurá-lo para incluir todos os subprojetos relacionados às suas áreas de responsabilidade pessoal.

Insira suas Tarefas

Agora, pegue a planilha de produtividade que você já preencheu. Olhe para as áreas de responsabilidade pessoal e, no Todoist, clique em "+ Adicionar Projeto" para criar um projeto que corresponda a cada obrigação ou projeto em que você talvez queira inserir tarefas ou itens de ação. Digite o nome do projeto, clique no botão para mudar o nível de recuo, tornando-o um subprojeto, e depois clique no botão "Adicionar Projeto". Repita o mesmo procedimento para cada obrigação pessoal ou projeto. Quando terminar, você verá seu projeto pessoal com todos os subprojetos relacionados listados na parte inferior, de forma organizada. Talvez seja útil colocar o nome do projeto nos subprojetos da seguinte maneira: Pessoal: Leitura, Pessoal: Preparo Físico, e assim por diante.

Agora vá para suas outras áreas de responsabilidade e faça a mesma coisa: crie um projeto para cada área de responsabilidade e crie um subprojeto para cada obrigação ou projeto em que você talvez queira inserir tarefas ou itens de ação.

Aqui estão alguns exemplos da minha ferramenta de gestão de tarefas:

- Área de Responsabilidade: Família
  - Subprojeto: Finanças
  - Subprojeto: Casa
  - Subprojeto: Férias

- Área de Responsabilidade: Negócios
  - Subprojeto: Conferência G3
  - Subprojeto: Teologia Visual
  - Subprojeto: Finanças

- Área de Responsabilidade: Igreja
  - Subprojeto: Ministério de Jovens Adultos
  - Subprojeto: Reunião de Membros
  - Subprojeto: Centro de Atendimento a Gestantes

Ação: Crie seus projetos e subprojetos.

Agora a quantidade de projetos que você tem é igual à de áreas de responsabilidades e, dentro de cada projeto, você tem um subprojeto para representar seus projetos, obrigações e tarefas. Você está no caminho certo!

ACRESCENTANDO TAREFAS

Agora que você terminou de configurar o Todoist, está na hora de começar a adicionar suas tarefas. Tarefas são a única coisa que você deve adicionar no Todoist. Tarefas são itens específicos e acionáveis que se relacionam a um de seus projetos. Tudo que exige uma ação futura entra para sua ferramenta de gestão de tarefas. E, novamente, suas tarefas precisam seguir a seguinte regra: *um lugar para tudo e os iguais ficam juntos*. Essa abordagem significa que todas as suas tarefas relacionadas às finanças da família precisam ficar reunidas naquele subprojeto. Todas as suas tarefas relacionadas ao ministério de pré-escola da igreja precisam ficar juntas naquele subprojeto.

Recomendo que você comece cada uma de suas tarefas com um verbo seguido por dois-pontos. Esse padrão cria pelo menos dois benefícios. Primeiro, garante que você só está adicionando ações ao Todoist, em vez de usá-lo como um lugar para armazenar informações. Segundo, fica fácil ler rapidamente sua lista de tarefas para encontrar aquelas que exigem o mesmo tipo de ação (por exemplo, Comprar, Escrever, Enviar um E-mail, Ligar).

Insira suas Tarefas

Depois do verbo e dos dois-pontos, insira uma breve descrição da tarefa (por exemplo, Comprar: Novas canetas, Ligar: Pastor Bob, Enviar: Mensagem de agradecimento para Susan).

Aqui estão alguns exemplos da minha ferramenta de gestão de tarefas:

- Áreas de Responsabilidade: Família
  - Subprojeto: Família
    - Abrir: Nova conta de poupança
    - Atualizar: Orçamento
    - Pesquisar: Nova apólice de seguro
  - Subprojeto: Casa
    - Registrar: Keurig
    - Terminar: pintura da cozinha
    - Comprar: novo extintor de incêndio

- Área de Responsabilidade: Negócios
  - Subprojeto: Conferência G3
    - Decidir: Texto do sermão
    - Preparar: Sermão
    - Agendar: Voos
  - Subprojeto: Teologia Visual
    - Preparar: Documento de marketing
    - Terminar: Capítulo 3
    - Editar: Capítulo 2

- Área de Responsabilidade: Igreja
  - Subprojeto: Ministério de Jovens Adultos
    - Marcar: Data da próxima reunião
    - Decidir: Assunto da próxima reunião
    - Discutir: Futura liderança

- Subprojeto: Reunião dos membros
  - Criar: Agenda para a reunião dos membros
  - Discutir: Agenda com os presbíteros
  - Enviar: Agenda para os membros

Ação: Acrescentar algumas tarefas no Todoist.

FLUXO DE TRABALHO

Neste ponto, precisamos considerar um fluxo simples de trabalho Todoist.

Sempre que você se lembra de uma tarefa que precisa executar no futuro ou que gostaria de considerar se deveria fazer, adicione-a tarefa no Todoist. Acrescente tarefas assim que você pensar nelas e adicione-as sem moderação. Mesmo que você não tenha certeza se realmente terá de realizar determinada tarefa, adicione-a agora e decida depois. Não tente convencer a si mesmo que você se lembrará da tarefa mais tarde, naquele mesmo dia ou no dia seguinte. Seja o que for, tire a tarefa da sua cabeça e coloque-a no Todoist.

Informações que você adiciona no Todoist serão automaticamente adicionadas à sua caixa de entrada. Essa caixa de entrada contém tarefas não filtradas e não organizadas, então você terá de processá-la regularmente. Recomendo que faça isso pelo menos uma vez ao dia, no início ou no fim do dia. Vou descrever uma rotina diária recomendada em outro capítulo. Processar sua caixa de entrada no Todoist envolve analisar rapidamente cada nota e tomar uma decisão sobre ela. Você tem quatro opções:

Você pode *deletá-la*. Se é uma tarefa da qual você não precisa mais, exclua.

Insira suas Tarefas

Você pode *realizá-la*. Se é uma tarefa que você pode realizar imediatamente e que não demandará mais que alguns segundos, faça-a agora. O tempo e o esforço necessários para arquivar seriam mais bem aproveitados simplesmente cumprindo a tarefa.

Você pode *adiá-la*. Se é uma tarefa que você quer realizar no futuro, terá de movê-la para o projeto ou subprojeto apropriado. Talvez agora você também queira determinar uma data de vencimento. Para fazer isso, digite algo como "21 de julho" ou "próxima segunda" na caixa "Agendar".

Você pode *delegá-la*. Se é uma tarefa que precisa ser realizada, mas que seria melhor se outra pessoa fizesse, delegue-a a essa pessoa.

Não pare de processar sua caixa de entrada até que você tenha tomado uma decisão apropriada a cada tarefa. A caixa de entrada deve ser apenas um lugar para guardar suas tarefas temporariamente; assim, nunca as deixe ali por muito tempo.

Ao usar sua ferramenta de gestão de tarefas, existem duas visualizações que precisam receber a maior parte da atenção. Ao longo do dia, você terá de consultar a visualização de Hoje, que apresenta todas as tarefas cuja data de vencimento é hoje. A visualização dos Próximos 7 dias emitirá uma notificação informando sobre as próximas datas de vencimento e prazos.

Ao cumprir uma tarefa, marque-a como concluída e passe para a próxima. Poucas coisas são mais gratificantes do que clicar no botão de "conclusão" e ver a tarefa desaparecer. Você está cumprindo suas tarefas!

Todoist e outras ferramentas de gestão de tarefas exigem um pequeno investimento inicial para aprender a usá-las e configurá-las. Mantê-las em funcionamento não demanda muito tempo, mas existem muitos benefícios tangíveis. São ferramentas muito poderosas para impulsionar e sustentar o trabalho. Todavia, como toda ferramenta, é necessário dedicar-se. Você descobrirá que, quanto mais usá-las da melhor forma possível, melhores serão os resultados. Não desista tão rapidamente!

PRÓXIMOS PASSOS

Após realizar a configuração básica, considere procurar vídeos de treinamento que ensinem mais sobre os detalhes do Todoist. Você pode encontrar muitos tutoriais úteis que mostram como outras pessoas usam o software e trazem dicas valiosas.

Quando você estiver habituado ao Todoist em seu computador desktop ou notebook, considere a possibilidade de instalá-lo em seu dispositivo móvel. Esse passo permitirá que você leve sua lista de tarefas para onde for e lhe possibilitará adicionar tarefas a qualquer momento, garantindo que nenhuma tarefa se perca.

SETE

PLANEJE SEU CALENDÁRIO

Com suas tarefas no lugar apropriado, chegou a hora de analisar a terceira e última ferramenta essencial: sua ferramenta de agendamento, ou calendário. Embora o uso de calendários de papel ainda possa ser benéfico, os calendários eletrônicos dos dias atuais trazem recursos novos e poderosos, como o compartilhamento e as notificações, e essas novidades os tornam indispensáveis à produtividade.

Já recomendei o Google Agenda como uma poderosa ferramenta de agendamento e, à medida que for avançando, vou explicar como configurá-lo e usá-lo. Você é livre para escolher outra ferramenta de agendamento e, embora os detalhes possam variar, a configuração geral e o uso devem ser muito semelhantes.

A frequência com que você usa seu calendário e em que medida depende dele são fatores determinados, em grande parte, pelas particularidades de sua vida. Quanto mais reuniões e compromissos estiverem sob a sua responsabilidade, maior será a importância de dedicar mais tempo e planejamento ao seu calendário. Se você tem poucos compromissos agendados, seu calendário pode ser muito básico e receber pouca atenção.

CONFIGURAÇÃO

O endereço do Google Agenda é calendar.google.com. Se você não tem uma conta Google, crie uma e, em seguida, faça login. É só isso. A configuração é simples assim. O Google faz todo o trabalho difícil por você, então tudo o que você precisa fazer é usá-lo.

Contudo, há uma decisão que você precisa tomar. O Google Agenda permite que você tenha diversos calendários e talvez seja útil ter um calendário para cada área de responsabilidade. Você precisa decidir se terá um único calendário que incluirá todas as suas áreas de responsabilidade ou um calendário separado para cada uma. A utilidade de você ter múltiplos calendários é a divisão entre suas áreas de responsabilidade; a desvantagem é a camada adicional de complexidade.

Ação: Crie seu calendário e decida se você quer um único calendário ou mais de um. Adicione algumas reuniões ou compromissos que estão prestes a acontecer.

ORGANIZANDO SEU CALENDÁRIO

Mais uma vez, você precisa voltar ao princípio regulador da organização: *um lugar para tudo e os iguais ficam juntos*. O calendário é o lugar apropriado para *alguma coisa*, mas exatamente para quê? Vamos falar mais a esse respeito.

O calendário é o lugar apropriado para eventos, reuniões e compromissos. Se você precisa se lembrar de alguma coisa que acontece em determinado horário ou em certo horário e lugar, essa anotação é um candidato ideal para o calendário. Esses são os únicos itens que devem estar no seu calendário.

Deixe-me dar alguns exemplos do meu próprio calendário:

- Segunda, às 11:00: Malhar na Academia
- Terça, às 6:30: Reunião dos Homens na Grace Fellowship [Comunhão da Graça]
- Quarta, às 19:00: Reunião de Oração do Meio da Semana na Grace Fellowship Church [Igreja Comunhão da Graça]
- Quinta, às 14:00: Ligação com Matthew
- Sexta, ao meio-dia: Almoço com Drew no Chalé Suíço
- Sábado, às 9:30: Voo para Chicago, saindo do Aeroporto Internacional Pearson

Cada um desses itens acontece em determinado horário ou em determinado horário e lugar, e é importante que eu me lembre de estar no lugar certo e na hora certa. Esses são os únicos itens que devem estar no meu calendário.

Colocar *somente* essa informação no seu calendário pode ser uma mudança significativa para você. É muito provável que, no passado, você dependesse do calendário de casa para cumprir seus prazos e suas tarefas. Contudo, já vimos que o software de gestão de tarefas oferece uma solução muito mais eficaz. Depois de transferir os prazos e as tarefas para o lugar apropriado, o que sobra para seu calendário são os eventos, as reuniões e os compromissos — e não deve haver mais nada.

FLUXO DE TRABALHO
Diferente da gestão de tarefas, seu calendário exige pouco fluxo de trabalho. Você vai simplesmente adicionar eventos, reuniões ou compromissos quando forem agendados. Ao adicionar esses itens ao seu calendário, certifique-se de que há uma data, um horário e um local apropriado para eles. No Ca-

pítulo 9, vou recomendar uma maneira de, diariamente, checar seu calendário, garantindo, dessa forma, que você sempre esteja ciente de tudo o que vai acontecer.

Contudo, o calendário tem uma função diária que é decisiva para a missão. Quando configurado da maneira como descrevi aqui — quando contém somente eventos, reuniões e compromissos —, o calendário fornece informações importantes, que lhe permitem planejar seu dia da maneira apropriada. Como um importante componente de sua revisão diária (vou descrever o outro no Capítulo 9), você começará cada dia olhando seu calendário para ver qual é o tempo de duração de cada evento, reunião e compromisso.

O resto do tempo é aquele de que você dispõe para concluir tarefas e avançar com seus projetos. Se você está no escritório entre 9:00 e 17:00, e tem reuniões entre 9:00 e 11:00, e depois entre 13:00 e 13:30, uma olhada rápida no seu calendário revelará quanto tempo terá livre para tarefas e projetos, e então você poderá planejar de acordo com essa informação. Se você é mãe e dona de casa, sabe que um de seus filhos dorme entre meio-dia e 13:00, e que terá de buscar os outros filhos na escola às 15:00, disporá de uma importante informação sobre o melhor horário para fazer compras, arrumar a casa e conversar ao telefone com aquela jovem moça que você está orientando.

USANDO NOTIFICAÇÕES

Um dos grandes benefícios dos calendários eletrônicos em relação aos predecessores de papel é que eles têm a capacidade de avisar sobre eventos, reuniões ou compromissos que estão prestes a acontecer. O Google Agenda faz isso através das chamadas *notificações*. Essas notificações emitem avisos por meio de sons e janelas pop-ups em seu computador ou dispositivo móvel e são extremamente úteis.

Ao criar um evento no calendário, não deixe de configurar as notificações apropriadas. Se você precisa atravessar a cidade de carro para um compromisso, talvez você deva fazer uma configuração para trinta ou sessenta minutos antes. Se você tem uma reunião às 6:30, talvez queira configurar uma notificação para 12 horas antes, para que possa planejar a hora de dormir e a rotina da manhã de maneira apropriada, e depois outra notificação noventa minutos antes, apenas para garantir que você estará na estrada na hora certa. Evidentemente, todas essas notificações pressupõem que você terá algum dispositivo eletrônico consigo na hora das notificações. Se esse não é o seu caso, você terá de encontrar uma solução alternativa.

PRÓXIMOS PASSOS

O calendário é a ferramenta mais familiar entre as três e, por essa razão, a mais simples de usar. Depois de configurá-la em seu computador desktop, considere instalá-la em seus dispositivos móveis. Se você decidir usar o Google Agenda, será um processo simples em quase todos os dispositivos.

A maior parte dos calendários eletrônicos oferece diversas maneiras de visualizar seu calendário: uma visualização mensal, uma visualização semanal e, às vezes, uma visualização diária. Considere o momento apropriado para usar cada tipo de visualização.

Considere também a possibilidade de compartilhar os calendários entre os membros de sua família. Uma pessoa da família pode manter o calendário da família e os outros membros podem criar seus próprios calendários. Use a função de compartilhamento do Google Agenda para que cada membro da família possa ver o calendário dos outros membros.

OITO

JUNTE SUAS INFORMAÇÕES

Com seus eventos e informações no lugar apropriado, você está pronto para lidar com sua ferramenta de gestão de informações. Como você sabe, essa ferramenta é usada para inserir, administrar e acessar informações. É um lar para os substantivos da vida — para os dados, os fatos, os documentos e as informações que talvez você precise acessar no futuro. Funciona como seu cérebro auxiliar.

Minha intenção não é depreciar o cérebro. Trata-se de um órgão extraordinário, uma evidência excepcional da existência e da sabedoria de Deus. Mas o cérebro é limitado em sua capacidade. Embora o cérebro seja perfeitamente capaz de lembrar muitas informações corriqueiras da vida, é melhor dedicá-lo às questões mais importantes. Por que focar na memorização de detalhes sobre a reserva do hotel quando você pode concentrar seus esforços na memorização da Escritura? A maior parte das informações da vida pode ser inserida em sua ferramenta de informação. Você pode confiar nessa ferramenta para armazenar as informações e apresentá-las a você quando for necessário. Essa abordagem permite que você dedique sua memória limitada somente aos fatos e às informações mais importantes.

Já recomendei o Evernote como uma poderosa ferramenta para a gestão de informações e, à medida que eu for avançando, vou explicar como configurá-lo e usá-lo. Se você escolheu outro produto, deve ser capaz de seguir os princípios e de configurar a ferramenta que escolheu de forma semelhante. O mais importante não é que você use o Evernote, mas que use algum tipo de ferramenta que é capaz de receber, arquivar e acessar suas informações de maneira lógica e hierárquica.

Evernote imita um sistema de coleta de informações do mundo real e oferece três níveis de hierarquia: anotações, cadernos e pilhas de cadernos. Notas (informações individuais) fazem parte de cadernos (conjunto de notas relacionadas). Cadernos podem ser agrupados em pilhas de cadernos (conjunto de cadernos relacionados). É tudo muito intuitivo: as notas formam cadernos e os cadernos, por sua vez, formam pilhas de cadernos — exatamente como papéis em um fichário e fichários em uma estante.

CONFIGURAÇÃO

Seu primeiro passo é visitar evernote.com e baixar o software. Recomendo que a configuração inicial seja feita em um computador desktop ou em um notebook, e não em um dispositivo móvel. Depois de baixar, instale e abra o Evernote. Ao abri-lo, você terá de criar uma conta usando seu endereço de e-mail.

Como padrão, o Evernote tem somente dois cadernos: Primeiro Caderno e Lixeira. Altere o nome "Primeiro Caderno" para "Caixa de Entrada".

Junte suas Informações

Em seguida, pegue a planilha que você usou para definir suas áreas de responsabilidade.

Vamos começar criando um lugar para as informações relacionadas à sua área de responsabilidade pessoal. Vamos criar um caderno para cada obrigação e tarefa; em seguida, vamos juntá-los em uma pilha.

Olhe para sua área de responsabilidade pessoal e crie um caderno para cada obrigação ou projeto em que você pretende inserir e arquivar informações. Depois de criar esses cadernos, junte-os em uma pilha de cadernos e chame a pilha de cadernos de "Pessoal". (Dica: crie uma pilha de cadernos arrastando um caderno para cima de outro caderno. Em seguida, arraste todos os outros cadernos pessoais para a mesma pilha.)

Até aqui, você deve ter uma pilha de cadernos contendo todos os seus cadernos relacionados à sua área de responsabilidade pessoal e dois outros cadernos individuais: Caixa de Entrada e Lixeira.

Nesse ponto, adote o mesmo procedimento para as outras áreas de responsabilidade e siga o mesmo processo: crie um caderno para cada obrigação ou projeto em que você pretende inserir e arquivar informações, juntando-os em pilhas de cadernos.

Se você constatar que precisa adicionar cadernos ou pilhas de cadernos para mais coisas além de suas obrigações ou projetos, sinta-se à vontade. Todavia, tente não adicioná-los desnecessariamente. Sempre que possível, tenha menos em vez de mais. Certifique-se de que cada caderno criado corresponda a uma de suas pilhas de cadernos (à exceção da Caixa de Entrada e da Lixeira).

Seguem alguns exemplos do meu próprio Evernote:

- Pilha de Cadernos: Família
  - Caderno: Finanças
  - Caderno: Férias
  - Caderno: Cuidado Espiritual

- Pilha de Cadernos: Igreja
  - Caderno: Centro de Atendimento às Gestantes
  - Caderno: Caixa de Ferramentas do Pastor
  - Caderno: Reuniões dos Membros

- Pilha de Cadernos: Pessoal
  - Caderno: Produtividade
  - Caderno: Geral
  - Caderno: Aptidão Física

Cada um desses cadernos corresponde a uma de minhas obrigações, tarefas ou projetos.

Essa configuração básica deve durar somente alguns minutos. Até o fim desse exercício, você terá uma pilha de cadernos para cada área de responsabilidade, e cada pilha terá os cadernos relacionados àquela área de responsabilidade. Além disso, você terá somente dois outros cadernos: Caixa de Entrada e Lixeira.

Ação: Criar seus cadernos e pilhas de cadernos.

ORGANIZANDO O EVERNOTE

Um recurso do Evernote que o torna especialmente poderoso é sua capacidade de adaptação — existem muitas maneiras distintas de usá-lo, e você dispõe de muitos benefícios. Há duas filosofias básicas para a organização de informações no

Evernote: usando etiquetas ou usando cadernos. Ambas têm seus pontos fortes.

Os cadernos permitem que você encontre informações clicando na hierarquia de pilhas de cadernos, cadernos e notas. É como acessar informação em um livro específico dirigindo-se à estante certa, escolhendo o livro certo e, por último, localizando a página certa. Por outro lado, a especialidade das etiquetas é que você faça uma busca para encontrar informações. É como acessar informações por meio de uma ferramenta de busca como o Google. Não há problema se você explorar as duas abordagens para decidir qual delas prefere. Talvez você sinta que uma delas é mais intuitiva, e que uma delas corresponde melhor ao tipo de informação que você precisa adicionar no Evernote. O importante não é qual delas você vai escolher, mas o fato de escolher uma e comprometer-se com ela.

Eu prefiro confiar nos cadernos e recomendo que você comece por eles. No entanto, também adiciono etiquetas, como, por exemplo, para inserir dados complementares, quando entendo que faz sentido adicioná-los. Se você também prefere a abordagem do caderno, não deixe de colocar pelo menos uma pequena quantidade de informações em cada nota que você criar.

- *É obrigatório*: Colocar cada nota em um caderno.
- *É opcional*: Colocar uma etiqueta em cada nota.

Nunca deixe de seguir este lema familiar: *um lugar para tudo e os iguais ficam juntos*. Além disso, sempre faça *alguma coisa* com *tudo*. É necessário que todas as informações estejam em seu devido lugar e que sejam armazenadas junto com as informações semelhantes. Se você tem vinte notas sobre um novo carro que está pesquisando, coloque-as todas no mesmo caderno. Se você tem cinco notas sobre as férias que vai tirar, coloque-as todas no mesmo caderno.

ADICIONANDO INFORMAÇÃO

Agora que você configurou o Evernote, está na hora de começar a inserir suas informações, que o Evernote chama de "notas". O ponto forte do Evernote é sua capacidade de inserir, arquivar e consultar informações — quase todo tipo de informação.

O Evernote dispõe de poderosos recursos para inserir informações:

- Encaminhe e-mails de sua conta de e-mail
- Use o aplicativo móvel para escanear recibos ou documentos
- Use um escâner para escanear e eliminar a papelada
- Use o aplicativo móvel para escanear as anotações feitas à mão nas reuniões
- Use o microfone em seu computador ou em seu celular para gravar lembretes de voz
- Use o Web Clipper para capturar o conteúdo de qualquer página da internet
- Use o Web Clipper para capturar suas anotações e destaques no Kindle
- Use a câmera do seu celular para inserir fotos
- Use a câmera do seu celular para registrar sua última reunião em Whiteboard
- Use o aplicativo Skitch para inserir informações na tela do seu computador

Junte suas Informações

- Arraste documentos do Word e do Excel para o Evernote
- Adicione documentos em PDF e use o Evernote para destacar trechos e fazer anotações

E isso é só o começo. O Evernote é capaz de lidar com praticamente qualquer tipo de dado. Depois que você tiver inserido os dados no Evernote, ele começa a processá-los, a inseri-los em seu banco de dados pessoal e até mesmo a escaneá-los em busca de palavras-chave. Faça uma busca no Evernote por "atas" e talvez você encontre até mesmo aquela foto das anotações que você fez na lousa digital em sua última reunião.

Aqui estão alguns exemplos do meu próprio Evernote:

- Pilha de Cadernos: Família
  - Caderno: Finanças
    - Nota: extrato do cartão de crédito do mês de novembro (um arquivo em PDF de meu extrato de cartão de crédito)
    - Nota: Como Aproveitar ao Máximo o Programa de Milhagens da Air Canada (um artigo que capturei de um site)
    - Nota: Relatório de crédito (um PDF que contém meu escore e o relatório de crédito atualizado)
  - Caderno: Férias
    - Nota: O Melhor Dia para Comprar Passagens Aéreas (um artigo que capturei de um site)
    - Nota: Reserva de hotel (cópia de uma confirmação de hotel para nossa próxima viagem de férias)
    - Nota: Coisas para Fazer em Orlando (e-mail de um amigo descrevendo as melhores atrações em Orlando)

- Pilha de Cadernos: Igreja
  - Caderno: Centro de Atendimento às Gestantes
    - Nota: Atas da Reunião do Conselho Administrativo do Centro de Atendimento às Gestantes (um documento do Word enviado pelo secretário)
    - Nota: Cumprindo a Legislação Anti-Spam (um artigo que capturei de um site)
    - Nota: Orçamento anual (uma planilha do Excel)
  - Caderno: Caixa de Ferramentas do Pastor
    - Nota: Ativar, Desativar (um documento escaneado listando todos os mandamentos do Novo Testamento para ativar e desativar)
    - Nota: Iniciando e Recusando Sexo no Casamento (um artigo de aconselhamento para o casamento que capturei de um site)

- Pilha de Cadernos: Pessoal
  - Caderno: Produtividade
    - Nota: Charles Spurgeon sobre a Pontualidade (uma longa citação que copiei e colei de um site)
    - Nota: "Produtividade bíblica", por C.J. Mahaney (PDF da excelente série escrita por C.J. Mahaney em seu blog sobre produtividade)
    - Nota: Planilha da Produtividade (cópia em PDF de um documento de planejamento que distribuo quando falo sobre produtividade)
    - Nota: Pensamentos aleatórios (gravação em áudio de algumas ideias ainda em formação sobre produtividade)

- Caderno: Geral
  - Nota: Biblioteca de John MacArthur (uma foto de meu livro *Discernimento espiritual* na biblioteca de John McArthur)
  - Nota: French Press (um guia em PDF sobre como fazer um café perfeito usando uma *french press*)

Uma das principais coisas que você precisa saber sobre o Evernote é que, quanto mais você usa e quanto mais informações coloca nele, mais poderoso ele se torna. Usá-lo pouco significa que haverá poucos resultados; usá-lo com diligência, por sua vez, significa que haverá resultados muito mais substanciais. Não desista rápido e não pense que você precisa usá-lo com moderação.

Ação: Adicione algumas informações no Evernote, certificando-se de que cada nota esteja corretamente arquivada.

FLUXO DE TRABALHO

Finalmente, precisamos considerar um fluxo de trabalho no Evernote — a maneira de realmente integrá-lo em sua vida.

Sempre que você deparar com uma informação que talvez queira guardar ou lembrar, adicione-a no Evernote. Use seu computador desktop ou laptop, seu celular, seu tablet ou seu navegador. Adicione informações indiscriminadamente. Mesmo não tendo certeza se a informação é realmente necessária, adicione-a agora e deixe para tomar a decisão depois. Não deixe a informação que você quer lembrar na caixa de entrada do seu e-mail ou na pasta de download do seu computador. Adicione-a em seu Evernote.

FAÇA MAIS E MELHOR

Quando você adiciona uma informação no Evernote, ela será automaticamente adicionada ao seu caderno de caixa de entrada. E, como sua caixa de entrada guarda todas as notas não filtradas e não organizadas, você terá de acessá-la regularmente para processar tudo. Faça isso pelo menos uma vez por semana. Processar sua caixa de entrada no Evernote envolve analisar rapidamente cada nota e tomar uma decisão a seu respeito. Você tem somente duas opções:

* *Movê-la para a lixeira.* Se é uma informação da qual você não precisa mais, mova-a para a lixeira.
* *Movê-la para um caderno.* Se é uma informação que você deseja guardar, mova-a para um caderno existente ou crie um novo caderno. Adicione etiquetas se for necessário.

Quando você precisar acessar alguma informação no Evernote, pode clicar na pilha de cadernos apropriada ou pode fazer uma busca. A função de busca é muito poderosa e você será beneficiado se dedicar um pouco de tempo para aprender a usá-la bem. Quanto mais você tiver familiaridade com a função de busca, mais facilidade terá para, rapidamente, acessar suas informações arquivadas.

PRÓXIMOS PASSOS

Depois que o Evernote estiver configurado em seu computador, pense em alternativas para estender sua funcionalidade. Considere adicioná-lo ao seu (evernote.com/webclipper), a fim de adicionar conteúdo de páginas da internet com mais rapidez e facilidade.

Quanto mais você se comprometer com o Evernote, mais importante será a segurança. Evernote oferece forte proteção e criptografia, mas um simples passo pode aumentar a segurança ainda mais: a verificação em duas etapas. A verificação em duas etapas significa que aqueles que querem acessar sua conta terão de passar não somente por uma etapa de segurança, como, por exemplo, sua senha, mas também por duas — normalmente, seu telefone celular. Esse passo aumenta significativamente a dificuldade para alguém, além de você, acessar sua conta.

Você já criou declarações de missão para cada uma de suas áreas de responsabilidade. Crie uma nota e adicione cada uma dessas declarações de missão. Agora, essas declarações viverão no Evernote.

Finalmente, considere assistir a alguns dos vídeos de treinamento para o Evernote que são disponibilizados no YouTube. Você também encontrará muitos livros curtos, baratos e úteis na Amazon que contribuirão para aperfeiçoar a maneira como você usa o Evernote.

TÓPICO PARALELO: FAZENDO O BEM

Por quatro capítulos consecutivos, focamos nas ferramentas, examinando a forma de configurá-las e usá-las na vida cotidiana. Antes de prosseguirmos e considerarmos o que fazer para que essas três ferramentas funcionem em harmonia entre si, quero garantir que lembremos o porquê de estarmos realizando todo esse trabalho. Com o nariz voltado para o chão, é fácil perder de vista o horizonte; então, vamos elevar nosso olhar mais uma vez.

Temos um compromisso com a produtividade e com um entendimento cristão da produtividade. Produtividade é *ad-*

FAÇA MAIS E MELHOR

ministrar seus dons, talentos, tempo, energia e entusiasmo com eficácia pelo bem das pessoas e para a glória de Deus. A razão para usarmos essas ferramentas é tornar-nos mais eficazes nesse chamado. Não estamos trabalhando por causa de nossas ferramentas; estamos aprendendo a usar nossas ferramentas para que elas trabalhem a nosso favor. Tudo o que fizemos ao longo desses capítulos tem por objetivo ajudar-nos no grande propósito de glorificar a Deus através do bem que realizamos pelas pessoas.

NOVE

VIVENCIE O SISTEMA

Se você olhar com honestidade para sua vida, inevitavelmente enxergará momentos em que esteve altamente motivado e outros em que quase não tinha motivação. Esses momentos de muita motivação normalmente são o Réveillon, o início de um novo ano letivo ou quando sua vida passa por uma transição significativa. Em momentos assim, você ama estar organizado e é capaz de ter uma vida estruturada. Por algum tempo, tudo vai bem, e ser produtivo é fácil e divertido. Mas, com o passar do tempo, você fica preguiçoso, ocupado ou estressado, e o que antes era divertido torna-se penoso. Sem perceber, você volta à estaca zero. Por que esse retrocesso acontece? Por que esse padrão se repete?

A motivação é como a lua: cresce e diminui. Às vezes, está cheia e brilhante; outras vezes, está completamente oculta. A motivação produz o desejo e a energia de começar a realizar mudanças em sua vida, mas, sozinha, não é capaz de sustentá-los. Todavia, isso não significa que você não possa ser produtivo mesmo quando sua motivação é pouca. Como muitos já observaram, a motivação dá o pontapé inicial, mas o hábito é o que faz perseverar. Você precisa usar os momentos de motivação em alta para construir hábitos e embuti-los em um sistema. Assim, quando a motivação diminuir, o sistema fará você perseverar.

O PODER DO SISTEMA

Não é possível que você pense, a cada instante do dia, em fazer o bem às pessoas e glorificar a Deus, mesmo sendo isso que você deveria fazer em todos os momentos. Quando você senta no seu escritório e executa tarefas administrativas, é improvável que sempre se pergunte: "Como posso glorificar a Deus nessa tarefa?". Quando você sai com seu filho para tomar café da manhã, provavelmente não pensa: "Como posso fazer bem a ele e glorificar a Deus na próxima hora?". Talvez você devesse fazer isso e, sem dúvida, todos nós temos muito espaço para crescer.

Mas há uma solução — e a solução se encontra nos sistemas. O que é um sistema? Um sistema é "um conjunto de coisas ou partes conectadas que formam um todo complexo".[10] Um sistema tem diversas partes que trabalham juntas em prol de um objetivo em comum.

Imagine que você tenha sido encarregado de construir uma ferrovia para transportar mercadorias de sua cidade para outra cidade que fica a 32 quilômetros de distância. Você precisaria construir um sistema, e o sistema incluiria diversos tipos de componentes: trilhos, desvios, sinais para controlar o fluxo de tráfego e assim por diante. Esse sistema seria composto por um complexo conjunto de diversas partes, mas, depois de construído, tudo funcionaria como uma

---

10 Angus Stevenson; Christine A. Lindberg (eds.). *New Oxford American Dictionary*. New York: Oxford University Press, 2010, "System".

unidade. Se o sistema fosse bem construído, funcionaria bem e com eficiência.

Mas você não precisa construir uma ferrovia; você precisa construir uma vida de produtividade — voltada para fazer o bem às pessoas. E, para conseguir isso, vai precisar de um sistema. Um sistema de produtividade é um conjunto de métodos, hábitos e rotinas que permitem que você seja mais eficiente em descobrir e fazer as coisas que precisam ser feitas. Um sistema eficaz envolve identificar, utilizar e confiar nas ferramentas apropriadas. Quando utilizadas em conjunto, essas ferramentas permitem que você trabalhe bem e com eficiência, dedicando o tempo e a atenção necessários às tarefas mais importantes.

Para ser produtivo, você precisa contar com um sistema. Você precisa construí-lo, utilizá-lo, aperfeiçoá-lo e confiar nele. O sistema precisa conquistar sua confiança para que você possa confiar nele, para ser lembrado, para que ele o alerte sobre o que é urgente e o direcione ao que é importante, e também para que o desvie do que tira sua atenção.

Seu sistema é uma garantia de que você reservará momentos de reflexão deliberada em que considera e planeja como glorificar a Deus fazendo o bem às pessoas. Você pode estruturar sua vida e viver de acordo com um sistema para que, dia após dia, e semana após semana, execute planos e projetos que reflitam o tempo que você passou considerando como fazer coisas boas que glorifiquem a Deus.

TRÊS FERRAMENTAS, UM SISTEMA

Você escolheu, configurou e começou a usar suas ferramentas. Agora precisa construir os procedimentos que lhe permitirão usá-las em conjunto, a fim de poder depender delas. Você precisa fazer com que essas ferramentas funcionem juntas em um sistema simples mas eficiente.

Suas ferramentas trabalham em conjunto para ajudá-lo a planejar seu dia e para ajudá-lo a fazer o que precisa ser feito ao longo do dia. Essa realidade significa que seu dia precisa ter duas fases: planejamento e execução. Na fase de planejamento, você planejará o dia e, na fase da execução, você fará seu trabalho. Embora não seja necessário passar muito tempo planejando, o planejamento é muito importante. Quando feito da maneira correta, o que você consegue fazer durante o dia aumenta de forma significativa.

Nas fases de planejamento e execução, suas ferramentas têm funções um pouco diferentes. Na fase de planejamento, sua ferramenta de agendamento mostra o tempo disponível no dia; sua ferramenta de gestão de tarefas mostra as tarefas disponíveis; e sua ferramenta de informação garante que você terá as informações necessárias. Após, na fase de execução, sua ferramenta de agendamento emite notificações sobre eventos, reuniões ou compromissos pendentes; sua ferramenta de gestão de tarefas avisa o que você precisa fazer; e sua ferramenta de informação fornece a informação necessária para você fazer o que tem de ser feito.

PLANEJAMENTO DIÁRIO

Você já ouviu o velho ditado: "Quem falha no planejamento está planejando falhar". Se você não planejar nada, não deve se surpreender se não conseguir realizar nada. Embora existam momentos para planejar estrategicamente o futuro distante, nossa preocupação primária é com o plano tático do dia a dia. Um sistema de produtividade eficiente depende por inteiro do momento de planejamento diário — a fase de planejamento diário que determina os horários para as tarefas e também os itens que receberão sua atenção ao longo do dia.

CORAM DEO

Para gerenciar sua vida de forma eficaz, você precisa saber quais são as tarefas possíveis para aquele dia, quais são as tarefas necessárias para aquele dia e qual é o tempo necessário para realizá-las. Quando você dispuser dessas informações, pode começar a inserir as tarefas no seu dia como peças de um quebra-cabeça — você define os horários para realizar as tarefas. Isso é o que você tem de fazer na fase de planejamento diário. O objetivo dessa fase é considerar todos os seus projetos, obrigações e compromissos e, em espírito de oração, escolher as tarefas que receberão sua atenção naquele dia. Para fazer isso, você seguirá uma rotina em que todas as tarefas possíveis serão apresentadas para que você possa escolher quais delas tentará realizar.

Os detalhes dessa rotina variam de pessoa para pessoa. Vou apresentar uma rotina e sugiro que você a use como seu ponto de partida. Depois, à medida que você for avançando, pode ir adaptando-a. Eu chamo minha fase de preparação diária de *coram Deo*, uma frase em latim que significa "na presença de Deus", e eu uso essa frase porque ela me ajuda a lembrar diariamente aquele que é a verdadeira razão do meu viver. R. C. Sproul explica suas implicações: "Viver *coram Deo* é viver a vida inteira na presença de Deus, sob a autoridade de Deus, para a glória de Deus".[11] Uma pessoa que vive consciente da

---

11 R.C. Sproul, "What Does 'coram Deo' Mean?", 27 de maio de 2015, *Ligonier Ministries*, acesso no dia 5 de novembro de 2015, http://www.ligonier.org/blog/whatdoes-coram-deo-mean/.

presença de Deus, que vive sob a autoridade de Deus e que deseja glorificar a Deus será muito motivada a fazer o bem — a fazer o máximo possível pelo bem das pessoas.

Ação: Abra o Todoist e crie um novo projeto chamado Revisão (ou você pode chamá-lo de *coram Deo*). Esse projeto não entrará em nenhuma de suas áreas de responsabilidade, mas existirá ao lado delas. Dentro do projeto, adicione seis tarefas:

- [Concentre-se] Orar
- [Organize-se] Zerar: Caixa de Entrada de Tarefas
- [Atualize-se] Verificar: Calendário e Notificações
- [Atualize-se] Verificar: Em Espera
- [Atualize-se] Verificar: Previsão para os Próximos 7 Dias
- [Comece] Escolher: As principais tarefas de hoje

Configure cada tarefa para se repetir todos os dias no horário ou antes do horário em que começa seu dia de trabalho. Para configurar, clique na tarefa e, no lugar em que você vir escrito "nenhuma data de vencimento", simplesmente digite: "todos os dias, às 6:00" ou "diariamente, às 9:00".

A ROTINA

No início de seu dia de trabalho, antes de fazer qualquer outra coisa, abra o Todoist e vá até a tela de Hoje, para a revisão diária. Todos os dias, você verá as seis tarefas esperando por você e terá de finalizar todas elas. Ao finalizá-las, você verá a data de vencimento mudar para o dia seguinte, o que indica que a tarefa foi finalizada e terá de ser finalizada novamente no dia seguinte.

Deixe-me descrever essas tarefas.

- [Concentre-se] Orar
  - Objetivo: Admitir sua dependência de Deus e pedir a ajuda dele
  - Ações: Pausar para fazer uma pequena oração, entregando o dia ao Senhor e pedindo que ele o ajude a usar esse dia para a glória dele. Peça sabedoria para entender a melhor maneira de usar seu dia para fazer o bem às pessoas e peça graça para conseguir.

- [Organize-se] Zerar: Caixa de Entrada de Tarefas
  - Objetivo: Garantir que cada tarefa tenha sido corretamente designada para um projeto.
  - Ações: Entrar em sua caixa de entrada do Todoist e processá-la, vinculando todos os itens a um projeto. Você pode deletar, adiar, realizar a tarefa ou delegar para que outro a faça. Sempre que possível, defina uma data de vencimento. Não avance para a próxima etapa no *coram Deo* até que sua caixa de entrada esteja vazia.

- [Atualize-se] Verificar: Calendário e Notificações
  - Objetivos: Garantir que você não negligenciará nenhum evento, compromisso ou reunião com data para hoje e se informar sobre o tempo livre que terá para concluir as tarefas.
  - Ações: Abra seu calendário e veja se há reuniões ou compromissos marcados para hoje. Certifique-se de que ter configurado as notificações apropriadas a cada uma delas. Faça uma anotação sobre seu tempo livre, pois é o tempo que você terá para concluir as tarefas.

FAÇA MAIS E MELHOR

♦ [Atualize-se] Verificar: Em Espera
 - Objetivo: Determinar se você precisa entrar em contato com outras pessoas hoje para discutir projetos que estão sob a sua responsabilidade, mas que exigem que elas deem o próximo passo.
 - Ação: Seu sistema de produtividade precisa acompanhar itens que você delegou a outras pessoas, mas que, em última análise, estão sob a sua responsabilidade. Não importa a maneira que você escolheu para acompanhar esses itens, procure saber se algum deles já foi finalizado ou se você precisa enviar um lembrete.

♦ [Atualize-se] Verificar: Previsão para os Próximos 7 Dias
 - Objetivo: Observe se há prazos para os próximos dias.
 - Ações: Usando a visualização dos Próximos 7 Dias, verifique rapidamente se há datas de vencimento nos próximos sete dias. Faça uma anotação sobre esses vencimentos.

♦ [Comece] Escolher: As principais tarefas de hoje
 - Objetivo: Determinar as tarefas que você tentará realizar hoje
 - Ação: Enquanto você verifica a visualização dos Próximos 7 dias e enquanto considera os itens que está esperando, comece a escolher as tarefas que você tentará realizar hoje. É aqui que você realmente determina os horários para as tarefas. Coloque a data de vencimento desses eventos para hoje. Se você usa a bandeira de prioridade do Todoist, também pode configurar isso agora.

Essa revisão não exige grandes esforços e tomará apenas quatro ou cinco minutos seus. Contudo, esse pequeno investimento compensa muito. Ao terminar, você terá visualizado todas as coisas que poderia fazer ao longo do dia e terá selecionado aquilo que realmente fará — ou pelo menos que planeja fazer. São quatro ou cinco minutos bem investidos.

EXECUÇÃO DIÁRIA

Concluída a fase de planejamento, você está pronto para executar. Suas ferramentas existem para servi-lo — Todoist, para informá-lo sobre as opções disponíveis; Evernote, para fornecer as informações necessárias para você realizar suas tarefas; e seu calendário, para lembrá-lo de eventos, reuniões ou compromissos pendentes.

Ao iniciar essa fase, escolha uma tarefa no Todoist e comece a realizá-la. É aqui que as minhas diretrizes específicas precisam parar, pois nossas vidas podem ser muito diferentes.

Mas, ainda que eu não tenha como dizer como você deve trabalhar ou como deve realizar suas tarefas, posso oferecer algumas dicas.

USE AS TRÊS FERRAMENTAS

Você conhece nosso princípio de organização: *um lugar para tudo e os iguais ficam juntos*. Na maioria dos casos, é bem simples distinguir entre informações, tarefas e eventos. Vamos considerar alguns itens diferentes e ver se o lugar deles é no calendário ou na gestão de tarefas.

- *Consulta médica na segunda, às 9:00.* O lugar desse evento é no seu calendário, pois é um compromisso que exige que você esteja em um lugar e um horário específicos.

- *Comprar novas canetas.* O lugar dessa nota é na gestão de tarefas, pois é uma ação, não um evento, uma reunião ou um compromisso.
- *Abrir uma nova conta bancária.* O lugar dessa nota é na gestão de tarefas, pois é uma ação. Embora, eventualmente, possa existir uma reunião associada a essa ação, por enquanto é uma tarefa.
- *Chamada em conferência na quarta, às 16:00.* O lugar desse evento é no seu calendário, pois é uma reunião que exige que você esteja em um lugar e um horário específicos.
- *Prazo de entrega do manuscrito do livro.* O lugar dessa nota é na gestão de tarefas, pois é uma ação, e não um evento, uma reunião ou um compromisso.

Esses exemplos são bem diretos. Mas, algumas vezes, você terá de criar compromissos em seu calendário e tarefas ou projetos em seu software de gestão de tarefas. Considere os seguintes exemplos:

- *Estudo Bíblico.* Você frequenta o estudo bíblico semanal e tem a responsabilidade de liderar o estudo uma vez por mês. Você deve criar um evento no seu calendário chamado "Estudo Bíblico" para toda quarta às 19:00. Essa etapa serve para lembrá-lo de que você precisa estar em determinado lugar, em determinada hora. Você também precisa criar uma tarefa em seu software de gestão de tarefas chamado: "Prepare: Estudo Bíblico" e definir uma data de vencimento apropriada. Essa ação serve para lembrá-lo de que você precisa se preparar para a reunião.

O calendário assegura que o horário está marcado e a tarefa assegura que você vai se preparar para a reunião. Você também pode criar uma nota no Evernote chamada Estudo Bíblico (arquivada no caderno e na pilha de cadernos apropriados), a fim de reunir suas ideias e materiais.

- *Preparando sua Declaração de Imposto de Renda*. Você tem a responsabilidade de enviar sua declaração ao governo e, para prepará-la, precisa organizar os documentos e depois se encontrar com seu contador. Você criará um evento no seu calendário chamado "Reunião com o Contador" para quinta, às 15:00. Isso fará você lembrar que precisa estar em determinado lugar, em determinada hora. Você também precisará criar uma tarefa em seu software de gestão de tarefas chamada "Preparar: Declaração de Imposto de Renda" e configurar a data de vencimento para quinta-feira. O calendário garante que você terá um horário reservado para se encontrar com o contador e a tarefa garante que você estará adequadamente preparado. O Evernote pode conter cópias escaneadas de seus recibos ou a cópia de sua declaração de Imposto de Renda do ano anterior.

CONHEÇA A SI MESMO

Conseguir terminar as coisas não é somente uma questão de administrar seu tempo, mas também de administrar sua energia. Em muitas vocações e em muitas situações da vida, a energia, e não o tempo, é o bem mais valioso. Mas, assim como o tempo, a energia é limitada e precisa ser usada de forma estratégica. Mesmo que você dedique uma grande quantidade de tempo a determinadas áreas da vida, se dedicar apenas os momentos em que tem menos energia, sua produtividade será baixa.

Você precisa conhecer a si mesmo. Qual é seu horário de pico mental? Em que horário do dia você é menos eficiente? Você é uma pessoa da manhã, é mais noturno ou funciona melhor no meio da tarde? Planeje usar os momentos de mais energia para realizar suas tarefas mais importantes. Tente agendar atividades que exigem muito esforço mental para os horários em que você tem muita energia. Essa categoria inclui atividades que exigem criatividade ou talvez aquelas que envolvem a necessidade de ouvir e interagir com as pessoas. Em seguida, tente agendar as atividades que exigem pouco esforço mental nos horários em que você tem pouca energia. Essa categoria inclui tarefas administrativas, pequenas tarefas e a arrumação de sua mesa.

REALIZE AS TAREFAS MAIS DIFÍCEIS EM PRIMEIRO LUGAR

É provável que a maioria de seus dias comece com uma lista de diversas tarefas, e você terá de escolher qual delas realizar primeiro. É provável que diversas tarefas sejam muito simples e exijam somente alguns minutos, enquanto pelo menos outra tarefa seja mais difícil e exija mais tempo.

Embora seja tentador focar em diversas tarefas pequenas e reduzir substancialmente sua lista de tarefas, com frequência há mais valor em ir diretamente para a tarefa mais difícil. Realizar nove ou dez tarefas de baixa prioridade enquanto uma tarefa de alta prioridade é negligenciada talvez faça você se sentir melhor, mas é o exato oposto da verdadeira produtividade. Tente fazer a coisa mais difícil primeiro e quando você estiver com mais energia.

FAÇA SEU TRABALHO PRIMEIRO

Um dos grandes benefícios de planejar o seu dia é que você começa o dia sabendo quais tarefas são a sua prioridade. Tente concluir essas tarefas antes de iniciar as tarefas atribuídas por outras pessoas. Esse conselho talvez não sirva para todo emprego e para todo ambiente de trabalho, mas, como disse Greg McKeown: "Se você não priorizar sua própria vida, outra pessoa fará isso".[12]

SAIBA QUE AS FALHAS VÃO ACONTECER

Eu sei que soa desanimador, mas, algumas vezes, você vai falhar. Em muitos dias, você não vai terminar tudo o que precisa terminar. C. J. Mahaney nos lembra: "Somente Deus termina a lista própria de afazeres todos os dias".[13] Nós fazemos o que conseguimos, e existem dias em que simplesmente não dá tempo. Se, no final do dia, uma de suas tarefas não tiver sido finalizada, simplesmente coloque-a de volta no seu sistema, alterando a data de vencimento para o dia seguinte ou para o dia em que você pretende trabalhar nela. Não desanime se não conseguir fazer tudo.

LEMBRE-SE DO SEU OBJETIVO

À medida que você for fazendo as coisas, certamente será necessário lembrar a si mesmo seu objetivo. Você não existe neste mundo para realizar tarefas; você existe para glorificar a Deus fazendo o bem às pessoas. Sempre lembre a si mesmo essa importante verdade.

---

[12] Greg McKeown, "If You Don't Prioritize Your Life Someone Else Will", 13 de novembro de 2014, *GregMcKeown.com*, acessado em 5 de novembro de 2015, http://gregmckeown.com/blog/if-you-dont-prioritize-your-life-someone-elsewill-harvard--business-review-2/.

[13] Mahaney, *Biblical Productivity*, 36.

FAÇA MAIS E MELHOR

PRIORIDADES E INTERRUPÇÕES

Um dos equívocos mais comuns sobre a produtividade é que pessoas produtivas e organizadas sempre cumprem os prazos, nunca precisam pedir que o prazo seja prorrogado e nunca se sentem esgotadas no final da semana. Mas essa não é a maneira correta de mensurar a produtividade. Por que não? Porque Deus é soberano e você não é. Mesmo quando você organiza sua vida e planeja seu dia, existem alguns momentos em que você falha e outros em que fica sobrecarregado. Sua responsabilidade é esforçar-se ao máximo para planejar, organizar e executar, mas entenda que as circunstâncias e a providência podem interromper ou adiar até os seus melhores planos. Além disso, suas prioridades são definidas com base nas informações que estão a seu dispor, mas essas informações são sempre limitadas.

Antes de avançar para o último capítulo, vamos falar um pouco sobre prioridade e interrupções.

ESCOLHENDO PRIORIDADES

Já estabelecemos que, a cada dia, existem muitas coisas que você poderia fazer, mas poucas são aquelas que você realmente fará. As possibilidades sempre serão maiores do que a capacidade. Isso significa que sua produtividade depende muito de sua priorização — de escolher o pouco e negligenciar, ignorar ou simplesmente rejeitar o muito. Essa decisão costuma ser extremamente difícil porque existem muitas coisas boas que poderiam ser feitas e várias boas oportunidades que você poderia aproveitar. Há centenas de outros livros que todo autor gostaria de escrever; há centenas de outras reuniões que todo pastor gostaria de agendar; há centenas de outras conversas que toda mãe amaria ter com seus filhos.

Deixe-me oferecer quatro dicas rápidas e simples sobre a escolha de prioridades.

1. PLANEJE

É importante planejar. A fase do planejamento e a revisão semanal (veja o capítulo seguinte) são estratégias eficazes para planejar suas prioridades, em níveis macro e micro. Esse planejamento costuma trazer muita clareza para sua priorização. C. J. Mahaney concorda: "Minha experiência confirma que, se eu não atacar minha semana com um planejamento teologicamente embasado, minha semana me atacará com a violência da urgência. E eu vou acabar dedicando mais tempo para o que é urgente do que para aquilo que é importante".[14]

2. ORE

Orar é importante. Na verdade, é mais do que importante; é absolutamente fundamental. A Bíblia ensina que a oração é o meio que Deus usa para realizar sua vontade. Quando oramos, Deus age. A oração é parte indispensável da produtividade bíblica porque nos leva a reconhecer que Deus é soberano sobre todos os nossos planos e pede a Deus para nos ajudar a tomar decisões sábias e que honrem a Deus. Eu começo meu *coram Deo* diário com uma oração para pedir a Deus que me ajude a identificar e priorizar as tarefas mais importantes do dia. E acredito que ele responde a essa oração.

3. CONSIDERE SUAS IDOLATRIAS

Cada um de nós tem a tendência de buscar realizar-se em alguém ou alguma coisa, e não em Deus. Ao consi-

---

14 Mahaney, *Biblical Productivity*, 13.

derar as prioridades, somos sábios quando identificamos e ficamos de olho em nossas idolatrias, sabendo que teremos a tendência de assumir as tarefas que nos validam, não aquelas que glorificam a Deus. Como homens e mulheres pecadores, podemos sutilmente presumir que nossas maiores prioridades devem ser aquelas que nos fazem sentir bem sobre nós mesmos, em vez de realmente fazer o bem às pessoas.

4. ACEITE A TENSÃO

É importante entender que priorizar com eficiência é mais uma arte do que uma ciência. Sempre existem algumas coisas que, claramente, são altas prioridades e outras que, nitidamente, são prioridades baixas, porém a maioria se encontra em algum lugar no meio, o que faz com que você tenha de tomar decisões difíceis. Essas decisões costumam ser mais uma arte do que uma ciência, algo que muitas vezes envolve sutilezas e um bom palpite. Aceite a tensão porque você provavelmente nunca terá a verdadeira solução.

ESPERE PELAS INTERRUPÇÕES

Há pelo menos uma fraqueza inevitável em qualquer sistema de produtividade: sua incapacidade de enxergar o futuro. Durante a fase de planejamento, você olha para seu dia e faz uma previsão sobre o futuro: você prevê que terá determinada quantidade de horas disponíveis e elabora um plano sobre como utilizá-las. No entanto, muitas coisas inesperadas podem acontecer ao longo do dia. O pastor pode ter de fazer uma visita inesperada no hospital; a mãe que é dona de casa talvez tenha de buscar o filho doente na escola; o gerente de contas pode ser convocado por seu chefe para uma reunião não planejada. De repente, seu dia terá tomado um rumo inesperado e você não tem mais controle da situação.

Nessas interrupções, você será tentado a reagir com ira ou desespero. Mas, como um cristão que confia na completa e absoluta soberania de Deus sobre este mundo e sobre todos os acontecimentos, você pode reagir com alegria, mesmo quando isso parece impossível. Deus tem seus caminhos e propósitos, e é inútil rebelar-se. C.S. Lewis diz isso de maneira singular:

> A grande coisa, se alguém conseguir, é parar de considerar todas as coisas desagradáveis como interrupções da "própria" vida ou da vida "real". Na verdade, o que se chama de interrupção é, precisamente, a vida real da pessoa — a vida que Deus manda a cada dia: o que a pessoa chama de sua 'vida real' é um fantasma de sua imaginação. Pelo menos é o que vejo em momentos de iluminação: mas é difícil lembrar disso o tempo todo.[15]

Há outro tipo de interrupção — a interrupção que exige que você decida se vai realocar seu tempo para uma nova tarefa ou um novo projeto. A esposa pode ser interrompida por seu marido porque ele quer sua ajuda em um projeto e ela terá de decidir a resposta que será dada. Enquanto você toma a decisão, caminha numa corda bamba entre dois pecados: temor do homem e orgulho.

---

15 C.S. Lewis, *The Quotable Lewis*. Wheaton, IL: Tyndale House Publishers, 1989, p. 335. Citado em Mahaney, *Biblical Productivity*, 34.

TEMOR DO HOMEM

De um lado, a tentação será o temor do homem, em que agradar outras pessoas é tão importante que você será tentado a dizer sim a tudo. Talvez você responda assim porque ama a maneira como a outra pessoa responde quando você diz sim ou simplesmente porque tem medo das consequências de dizer não. Mas, seja como for, o temor dos homens pode gerar uma resposta inapropriada que o afasta das melhores e mais elevadas prioridades.

ORGULHO

Por outro lado, você será tentado pelo orgulho. O orgulho pode deixá-lo tão convicto de que você já sabe o que é melhor para seu dia que dirá não para tudo, não querendo nem mesmo que o próprio Deus interrompa seus planos com alguma coisa bem melhor do que você planejou.

Como sua vida é tão propensa a interrupções e redirecionamentos, você precisa ter certa flexibilidade em seu planejamento, confiando em que Deus é bom e soberano. Ao mesmo tempo, não pode haver muita flexibilidade para que você não fique constantemente desviando a atenção para questões menos importantes. A solução é lidar com cada situação com paciência, em espírito de oração, confiando que, em todas as coisas, Deus será glorificado, desde que você fuja do pecado.

DEZ

A MANUTENÇÃO CONSISTENTE DO SISTEMA

Agora, seu sistema está funcionando sem problemas e, diariamente, você está cumprindo com suas tarefas. Mas ainda não terminamos. É preciso abordar uma questão importante.

Você já deve ter percebido que não há nada neste mundo que se incline naturalmente à ordem. Não há nada neste planeta pecaminoso que, por conta própria, se torne mais ordeiro. Seu sistema de produtividade não é uma exceção. Ele precisa de manutenção constante para continuar funcionando bem. Você precisa livrar-se do pensamento de que só tem de se preocupar com a organização de sua vida uma única vez. Pelo contrário, a produtividade não é um sistema que você organiza e depois esquece; é algo que, regularmente, exige atenção especial. Não é algo que você configure uma vez e, em seguida, finalize. É algo que você precisa constantemente aperfeiçoar.

Quando você entra no seu carro de manhã, tenho certeza de que dá uma olhada rápida no painel do carro, mesmo que seja uma olhada inconsciente. Assim que você liga o carro, verifica se tem combustível suficiente para chegar ao seu destino, se a luz do motor apaga no momento certo e se não há um alerta de pressão baixa dos pneus. Mas essas olhadas rápidas para o painel não é tudo o que você precisa para a manutenção do carro. De tempos em tempos, seu carro precisa de procedimentos mais significativos, como trocar o óleo e substituir as pastilhas de freio desgastadas. Em nossa pequena analogia, a verificação diária do painel é como o planejamento diário ou *coram Deo* — algo deliberadamente limitado em seu escopo e propósito. Neste capítulo, queremos discutir a manutenção mais significativa: algo que, na esfera da produtividade, equivale à troca de óleo e ao ajuste dos freios. Isso é o que você faz em sua revisão semanal.

O PODER DAS *CHECKLISTS*

Quero lhe propor uma maneira simples, porém eficaz, de se proteger do caos e da desordem sem deixar de manter a consistência e a integridade de seu sistema.

Meu amigo Steve é piloto e entra na cabine do avião muitas vezes ao longo da semana; dessa forma, com frequência prepara-se para atravessar o céu com duzentas pessoas a quilômetros de altura. Embora voar possa parecer algo assustador e perigoso de se fazer, é muito seguro — muito mais seguro do que outras maneiras de viajar. Por quê? Evidentemente, existem muitas razões, porém uma das mais significativas é que os pilotos são treinados para seguir procedimentos bastante específicos desde o momento em que entram na cabine até o momento em que saem dela. Esses procedimentos os obrigam a verificar se todas as partes do avião estão funcionando corretamente e a definir todas as configurações, apertar e girar todos os botões da maneira exata e na ordem correta. Pilotar um avião é um procedimento muito complexo e há muito mais coisas envolvidas do que o piloto seria facilmente capaz de memorizar. Por isso, os pilotos dependem de uma ferramenta simples que é perfeitamente apropriada para ajudá-los a se lembrar de tudo que precisam fazer: uma checklist.

Sem dúvida, sua vida é complicada e há muito mais sobre ela do que você é capaz de reter em seu cérebro. Em muitos casos, é sábio usar a mesma ferramenta para terceirizar alguns dos pensamentos que você precisa lembrar. Não conheço maneira melhor de fazer a manutenção do meu sistema do que usando uma pequena checklist semanal. A checklist me ajuda a garantir que o sistema está funcionando de maneira correta; ela me traz de volta para o sistema quando eu perco o foco e cuida de sua manutenção rotineira, assegurando que cada parte funcione corretamente. Essa checklist é o que chamo de *revisão semanal*.

SIRVA E SURPREENDA

Antes de nos voltarmos para a revisão semanal, quero apresentá-lo a um paradigma muito útil.

Já estabelecemos que você tem diversas áreas de responsabilidade e, dentro de cada área, uma lista de obrigações. Essas obrigações e responsabilidades foram confiadas a você por Deus. Essa realidade significa que ele define seu sucesso ou seu fracasso.

Ao dar um passo para trás a fim de refletir sobre cada uma dessas áreas de responsabilidade, qual é a maneira apropriada de refletir sobre como ter êxito e excelência em cada uma delas? Eu não consigo encontrar uma maneira melhor do que este paradigma útil: servir e surpreender.[16] Para ter êxito como marido, preciso servir à minha esposa e, para ter excelência como marido, preciso surpreendê-la. Para ter êxito como presbítero da igreja local, preciso servir à minha igreja e, para ter excelência como presbítero, preciso surpreendê-la. Deixe-me explicar um pouco mais.

Como cristãos, somos chamados a servir a Deus servindo as pessoas. Somos escravos ou servos de Deus e somos chamados para imitar Jesus Cristo, que, alegremente, nos serviu de maneira mais custosa e significativa. Em sua carta aos Filipenses, Paulo diz:

> Não tenha cada um em vista o que é propriamente seu, senão também cada qual o que é dos outros. Tende em vós o mesmo sentimento que houve também em Cristo Jesus, pois ele, subsistindo em forma de Deus, não julgou como usurpação o ser igual a Deus; antes, a si mesmo se esvaziou, assumindo a forma de servo, tornando-se em semelhança de homens; e, reconhecido em figura humana, a si mesmo se humilhou, tornando-se obediente até à morte e morte de cruz. (Fp 2.4-8)

Devemos cuidar dos interesses dos outros — servir aos outros. Por quê? Porque queremos ser como Cristo, que nos serviu, deixando a presença de seu Pai, tornando-se humano, morando neste planeta pecaminoso, sofrendo uma morte terrível e enfrentando a ira de Deus pelo pecado. Se Cristo nos

---

16 Mahaney, *Biblical Productivity*, 28.

serviu de tantas maneiras, quem somos nós para negar até mesmo o menor ato de serviço uns pelos outros?

Enquanto refletimos sobre como levar uma vida produtiva, *servir* é a resposta às seguintes perguntas: O que preciso fazer esta semana? Quais são as coisas que preciso fazer ao longo da semana para ser fiel ao chamado de Deus em cada área de responsabilidade? De que maneira serei um pastor fiel ao longo da semana? O que preciso fazer para ser um marido eficaz para minha esposa? O que Deus diz que preciso fazer com meus filhos e o que preciso fazer em prol deles para ser um pai piedoso e amoroso?

Servir é lindo, mas nós podemos fazer melhor do que isso. Servir representa as coisas que devemos fazer, mas nós também podemos surpreender. *Surpreender* é a resposta às seguintes perguntas: O que posso fazer esta semana? O que posso fazer para cumprir com excelência essa função que Deus me deu? Quais são as coisas que eu poderia fazer ao longo desta semana para surpreender e alegrar meus filhos? Quais são as coisas que eu poderia dizer ou os presentes que eu poderia dar que seriam uma bênção não esperada para o povo da minha igreja? De que maneira posso servir como uma imagem fiel de Deus, que se alegra em dar boas coisas aos seus filhos (Mt 7.11)?

Este é o nosso chamado em cada área de responsabilidade: servir e surpreender. Então, ao nos voltarmos para nossa checklist semanal, vamos trabalhar para responder à seguinte questão: Como posso servir e surpreender ao longo dessa semana?

REVISÃO SEMANAL

O objetivo é que sua sessão de planejamento diário seja tática: há um propósito e um escopo limitado. Mas, enquanto o planejamento diário é tático, a revisão semanal oferece a oportunidade de ser mais estratégico, de ampliar o escopo e o propósito. Essa revisão oferece a oportunidade de movimentar novos planos, de retomar projetos que estão parados e de realinhar os planos que estão perdendo a direção. Enquanto o *coram Deo* diário dura somente alguns minutos, a revisão semanal exige um pouco mais de tempo — segundo a minha experiência, preciso de cerca de trinta minutos para isso. É algo que agendo para fazer toda sexta à tarde, a fim de que a nova semana já comece planejada e organizada no domingo.

Essa revisão semanal é um trabalho em andamento e, às vezes, adiciono ou removo uma etapa. Mas, no geral, inclui as seguintes ações:

- [Concentre-se] Orar
- [Organize-se] Zerar: Caixa de Entrada do E-mail
- [Organize-se] Zerar: Caixa de Entrada do Evernote
- [Organize-se] Zerar: Caixa de Entrada de Tarefas
- [Organize-se] Arrumar: Mesa
- [Organize-se] Arrumar: Área de Trabalho
- [Atualize-se] Revisar: Os próximos trinta dias no calendário
- [Atualize-se] Revisar: Cadernos do Evernote
- [Atualize-se] Revisar: Todos os projetos
- [Atualize-se] Revisar: Os próximos sete dias
- [Prepare-se] Revisar: Missão
- [Concentre-se] Planejar: Servir e Surpreender
- [Comece] Decidir: Os prazos, as entregas e as prioridades da semana seguinte

A Manutenção Consistente do Sistema

Como foi no caso do *coram Deo*, sugiro que você comece copiando minha rotina semanal e, em seguida, à medida que for avançando, vá acrescentando e tirando coisas.

Aqui está um breve resumo do que fazer em cada etapa:

- [Concentre-se] Orar. Ore rapidamente, pedindo a Deus que lhe dê sabedoria para entender as possibilidades da semana e para saber quais delas merecem receber mais atenção.
- [Organize-se] Zerar: Caixa de Entrada do E-mail. [Organize-se] Zerar: Caixa de Entrada do Evernote. [Organize-se] Zerar: Caixa de Entrada de Tarefas. Arrume a bagunça nas três caixas de entrada, para garantir que seu sistema esteja limpo e funcionando bem. É preciso responder a todos os e-mails ou arquivá-los (leia o capítulo "Bônus", no final deste livro), todas as informações no Evernote precisam ser colocadas no caderno apropriado e todas as tarefas precisam ser inseridas no projeto apropriado. Se você tem uma caixa de entrada física em sua mesa ou perto dela, organize-a também.
- [Organize-se] Arrumar: Mesa. Arrume a bagunça do seu espaço físico de trabalho, arquivando todos os papéis, guardando todos os livros acumulados e assim por diante. Coloque tudo em seu devido lugar. Considere incluir nessa etapa a arrumação de outros lugares além de sua mesa em que papéis, livros e outras coisas também tendem a se acumular. Não é necessário limpar todo o seu escritório, mas você deve juntar tudo que contenha informações que podem ser úteis ao planejamento da semana que você tem pela frente.

FAÇA MAIS E MELHOR

+ [Organize-se] Arrumar: Área de Trabalho. Remova qualquer arquivo que possa ter ido parar na área de trabalho do seu computador. Se você usa uma pasta para downloads, deixe-a vazia. Onde houver arquivos se acumulando, é preciso deletá-los ou movê-los para o lugar apropriado.

Quando essas etapas [Organize-se] estiverem concluídas, tudo estará onde deveria estar de acordo com nossa regra familiar: *um lugar para tudo e os iguais ficam juntos*. Agora que você está organizado, pode trabalhar para se atualizar. Você vai analisar suas ferramentas para se familiarizar com tudo o que é possível fazer ao longo da semana.

+ [Atualize-se] Revisar: Os próximos trinta dias no calendário. Veja no seu calendário se há grandes eventos previstos. Como nunca preciso fazer algo em relação a uma tarefa com mais de trinta dias de antecedência, um mês é muito tempo para mim, mas talvez você precise fazer um ajuste para que esse tempo seja maior ou menor.
+ [Atualize-se] Revisar: Cadernos do Evernote. Existem determinados cadernos no Evernote que talvez contenham informações cruciais e que, portanto, precisam ser revisados com regularidade. Esses cadernos variam de pessoa para pessoa, segundo as particularidades de nossas vidas. Podemos citar o exemplo de um gerente de contas que tem um caderno contendo informações sobre cada um de seus clientes. No final de cada semana, seria uma atitude sábia se ele analisasse cada

caderno para ver se existem notas que não são atualizadas há muito tempo (o que indicaria que ele não entra em contato com aquele cliente há muito tempo) ou quaisquer notas que contenham informações referentes a questões urgentes (o que indicaria que ele teria de fazer algo na semana seguinte). Quando encontra esse tipo de informação, ele precisa criar tarefas para entrar em contato com esses clientes ou tomar outras atitudes apropriadas. Se você tem cadernos assim, que são essenciais para sua missão, inclua-os em seu projeto de revisão semanal. Você não precisa revisar todos os seus cadernos, somente os poucos que contêm informações importantes ou úteis.

- [Atualize-se] Revisar: Todos os projetos. Agora é hora de revisar cada um dos projetos em seu sistema de gestão de tarefas (que, como você sabe, são marcados como subprojetos no Todoist). Você se sentirá tentado a pular essa etapa, mas não faça isso. É difícil exagerar a importância dessa etapa para o funcionamento do sistema. Pelo menos uma vez por semana, dê uma olhada em cada um de seus projetos. Isso inclui procurar as seguintes informações importantes em cada um de seus projetos:
  - Esse projeto inclui pelo menos uma tarefa? Existe alguma tarefa que precise ser adicionada?
  - Esse projeto contém alguma tarefa já finalizada, mas que não foi marcada como tal?
  - Esse projeto tem um prazo iminente para a semana que vem que você precisa lembrar?
  - Há alguma outra coisa que precise ser adicionada ou ajustada no projeto?

FAÇA MAIS E MELHOR

- [Atualize-se] Revisar: Os próximos sete dias. Abra a tela dos próximos sete dias no Todoist e veja todas as datas de vencimento nesse período. Procure especialmente as tarefas, os projetos e os prazos mais importantes que podem pegar você de surpresa.

Quando essas etapas [Atualize-se] estiverem concluídas, você terá reunido todas as informações necessárias para tomar decisões sábias e informadas para a semana. Agora você sabe quais são as tarefas em que *pode* trabalhar para cumprir ao longo da semana. Contudo, ainda precisa decidir quais delas você de fato tentará cumprir. Contudo, há uma etapa que vem antes dessa.

- [Prepare-se] Revisar: Missão. Vá até o Evernote, onde você guarda aquela lista com as declarações de missão para cada área de responsabilidade. Leia cada declaração de missão. Tente ler devagar, refletindo sobre o conteúdo, em vez de ler superficialmente. Se quiser fazer alguns pequenos ajustes em suas declarações de missão, faça isso agora.

Quando o [Prepare-se] estiver concluído, tudo estará em seu devido lugar, você terá reunido todas as informações necessárias e terá lembrado sua missão. Agora, finalmente, você pode começar.

- [Concentre-se] Planejar: Servir e Surpreender. Considere cada área de responsabilidade e pergunte-se: "De que maneira posso servir e surpreender na próxima semana?". Considere o que significa ser fiel nessa área e depois considere o que você pode fazer para surpreender e agradar ao longo dos próximos sete dias. Enquanto isso, crie as tarefas apropriadas, com datas de vencimento apropriadas. Por exemplo, talvez você perceba que existem áreas fundamentais de serviço que precisam melhorar — talvez você tenha negligenciado as devoções familiares ("Agendar: devoções familiares") ou talvez faça muito tempo que você não oferta na igreja ("Preencher: Cheque para a igreja"). Você também pode recorrer à sua criatividade para pensar em maneiras de surpreender as pessoas — talvez comprando um presente inesperado para sua esposa ("Comprar: Flores para Aileen") ou apoiar aquela pessoa em sua igreja que está enfrentando uma dificuldade ("Escrever: Cartão para Aaron"). Visite challies.com/domorebetter para baixar a planilha semanal Servir e Surpreender.

- [Comece] Decidir: Os prazos, as entregas e as prioridades da semana seguinte. No final de tudo, decida em que você pretende se focar na próxima semana ou nas semanas futuras. Aqui vai um exemplo: ao revisar meu projeto referente ao Culto da Noite, percebo que vou pregar a próxima parte da minha série na noite do domingo seguinte. Portanto, configuro a data de vencimento da tarefa para sexta. Na terça da semana seguinte, quando faço meu *coram Deo* diário e olho para os próximos sete dias, vejo que é uma opção para aquele dia e marco como uma das prioridades do dia.

A MANUTENÇÃO

Essa revisão semanal rapidamente se tornará parte fundamental do seu sistema de produtividade. Seu sistema funcionará bem se você reservar um tempo para essa revisão e enfrentará problemas se você não fizer isso. É claro que um sistema forte será capaz de suportar breves momentos de negligência — todos nós temos uma semana ruim ou precisamos tirar férias. Assim, deixar de realizar uma revisão semanal não causará danos muito graves ao sistema. Mas deixar de realizá-las diversas vezes consecutivas acaba enfraquecendo muito o sistema. Dustin Wax disse bem:

> Não importa o quanto você é organizado, o quanto seu sistema é coeso, o quanto você é cuidadoso ao processar sua caixa de entrada, ao criar uma lista de tarefas e ao trabalhar no seu calendário, se você não parar de vez em quando para olhar para o "quadro geral", você vai acabar perdendo o controle. Você acaba simplesmente respondendo ao que é jogado em você em vez de criar as condições da sua vida de maneira proativa.[17]

Encontre um horário para sua revisão semanal, marque em seu calendário e comprometa-se a fazê-la toda semana. Não há como exagerar a importância dessa disciplina.

UMA PALAVRA FINAL

Obrigado por ler e por ouvir. Enquanto estava preparando este livro, minha oração foi para que você se sentisse estimulado ao amor e às boas obras que Deus nos chama a realizar (Hb 10.24). Como humanos criados à imagem de Deus e como cristãos salvos pela graça de Deus, nós temos um privi-

---

17 Dustin Wax, "Back to Basics: Your Weekly Review", *Lifehack*, acesso em 5 de novembro de 2015, http://bit.ly/1LsRWM3.

légio extraordinário. Temos a alegria e a responsabilidade de administrar nossos dons, talentos, tempo, energia e entusiasmo pelo bem das pessoas e para a glória de Deus. Esse é o seu privilégio e esse é o seu propósito. Então, vá em frente, faça mais e melhor.

BÔNUS

DOMANDO SEU E-MAIL
SEIS DICAS PARA FAZER MAIS E MELHOR COM SEU E-MAIL

Eu acho que a maioria de nós tem uma relação de amor e de ódio com o e-mail. Por um lado, o e-mail traz muitos benefícios — entrega notícias, encorajamento de amigos e notas divertidas de membros da família. O e-mail também tem um grande valor prático — entrega a confirmação de que o pagamento foi realizado ou que o livro que queremos está em promoção. Mas, é claro, há um lado negro: os spams infinitos, as discussões muito longas, o boletim informativo que você não pediu para receber e as correntes dizendo que dá azar se você não encaminhá-las para vinte outras pessoas. O e-mail tornou-se uma bagunça em seu funcionamento. Nós precisamos dele, mas também o odiamos.

USANDO O E-MAIL DA MANEIRA ERRADA
Para entender melhor por que muitos de nós usamos o e-mail de maneira tão errada, vamos compará-lo ao objetivo do mundo real: sua caixa de entrada. Imagine se você tratasse sua

caixa postal real e física da maneira como trata seu e-mail. Aconteceria o seguinte: você sai para ver se recebeu alguma correspondência e coloca a mão dentro da caixa postal. Como esperado, você recebeu algumas novas correspondências. Então, você pega uma carta, abre e começa a ler. Você lê até a metade da carta e percebe que não há nada de interessante, então coloca a carta de volta no envelope e de volta na caixa postal, murmurando: "Depois eu vejo o que vou fazer com ela".

Você abre a próxima carta e descobre que é um pouco mais interessante, mas faz a mesma coisa: enfia a carta de volta no envelope e de volta na caixa postal. Assim, como naturalmente previsto, sua caixa postal logo fica abarrotada com as centenas de cartas que não foram abertas e lidas, além das centenas que foram abertas e lidas, ou lidas parcialmente.

Mas a coisa fica ainda pior. Você não usa sua caixa postal simplesmente para receber e guardar cartas, mas também para encontrar itens no calendário. Você coloca a mão e puxa alguns papéis com datas e eventos importantes, incluindo alguns que passaram sem você lembrar ou perceber. E, é claro, você também usa sua caixa postal para sua lista de tarefas, então você tem um monte de notas adesivas lá dentro com suas tarefas rabiscadas nelas.

Mas ainda não terminamos. Embora você se sinta culpado e meio enjoado sempre que abre sua caixa postal, não deixa de verificar com frequência se recebeu novas correspondências. Cinquenta ou sessenta vezes por dia, você para tudo que está fazendo e vai até a caixa postal para ver se não há nada de novo.

É absurdo, não é? Sua vida seria um caos total. Mas é exatamente assim que a maioria das pessoas trata seu e-mail. É algo caótico e não há regras ou procedimentos para controlá-lo. Do que você precisa? Você precisa de um sistema.

USANDO SEU E-MAIL DE UMA MANEIRA MELHOR
Novamente, precisamos considerar nosso princípio fundamental para a organização: *um lugar para tudo e os iguais ficam juntos*. Sabemos que o lugar para eventos, reuniões e compromissos é o nosso calendário; o lugar para tarefas e projetos é o nosso software de gestão de tarefas; e o lugar para informação é a ferramenta de gestão de informações. O e-mail fica como o lugar para a comunicação — comunicação e nada mais. O e-mail é uma péssima ferramenta de gestão de tarefas e uma ferramenta de agendamento extremamente pobre. O e-mail é tolerável quando usado para a função que ele cumpre relativamente bem: comunicação.

Nós também podemos usar esse princípio de organização em um nível mais detalhado. Quanto a isso, o princípio nos diz que a caixa de entrada é para mensagens que não foram processadas e nada mais. A caixa de entrada não é o lugar apropriado para e-mails arquivados ou para e-mails que estão à espera de nossa resposta.

Você precisa desenvolver um sistema simples que o capacitará a domar sua caixa de entrada. Seu sistema de e-mail pode ter o grau de simplicidade ou de complexidade que você quiser, porém o método mais simples envolve apenas quatro locais: um lugar para receber novas mensagens, um lugar guardar as mensagens que você pretende responder depois, um lugar para guardar as mensagens que precisam ser arquivadas e uma lixeira para todo o resto. É possível deixar as coisas realmente simples.

A caixa de entrada é o lugar para receber mensagens. Não importa qual programa de e-mail você usa, sempre há uma caixa de entrada — e provavelmente já cheia de mensagens. Você precisa de um lugar para, temporariamente, guardar e-mails que precisam ser respondidos, então crie uma pasta ou um marcador chamado "Responder". Você precisa de um lugar para guardar as mensagens que precisam ser arquivadas. A maioria dos programas de e-mail também já dispõe dessa funcionalidade. Se seu programa não tem um, crie uma pasta ou um marcador chamado "Arquivar". E, finalmente, você vai precisar da Lixeira ou da pasta de mensagens deletadas, que já fazem parte das configurações iniciais.

Com as pastas em seu devido lugar, vamos montar um fluxo de trabalho.

FLUXO DE TRABALHO DO E-MAIL

Abra sua caixa de entrada e comece com a primeira mensagem. Abra a mensagem e decida o que você quer fazer com ela. Você tem algumas opções:

- *Excluir a mensagem.* Se for lixo virtual ou alguma coisa irrelevante para você, exclua a mensagem.
- *Arquivar a mensagem.* Se for algo que você talvez precise no futuro, mas não exige uma ação de sua parte, arquive a mensagem. (Talvez isso signifique enviar a mensagem para sua pasta "Arquivar" ou talvez signifique encaminhá-la para o Evernote.)
- *Responder à mensagem.* Se você for capaz de responder à mensagem em menos de dez ou quinze segundos com pouco esforço mental, faça isso imediatamente.

- *Mova a mensagem para a pasta "Responder"*. Se você não conseguir responder à mensagem em alguns segundos apenas, se for necessário refletir ou fazer alguma coisa antes de responder, mova a mensagem para sua pasta "Responder".

Agora passe para a próxima mensagem em sua caixa de entrada e, em seguida, para a que vem depois. Não pule mensagens e não deixe de fazer alguma coisa com cada uma delas. Quando você terminar, sua caixa de entrada não deve ter nenhuma mensagem.

Depois de processar todas as suas mensagens, quando sua caixa de entrada estiver vazia, você tem duas opções: feche seu e-mail e vá fazer alguma outra coisa, ou vá para sua pasta "Responder" e comece a responder a essas mensagens.

No geral, se seu trabalho permite, é melhor checar o e-mail de vez em quando, e não constantemente. Sempre que você checar seu e-mail, processe tudo em sua caixa de entrada até esvaziá-la.

Deixe-me dar algumas dicas sobre como trabalhar com o e-mail e outras ferramentas:

- Quando uma mensagem exige que você faça coisas complicadas antes de responder, talvez você queira arquivar ou até mesmo deletar a mensagem e criar uma tarefa em seu software de gestão de tarefas. Depois que você tiver cumprido a tarefa ou o projeto através de seu software de gestão de tarefas, pode encontrar aquela mensagem e responder ou pode simplesmente escrever uma mensagem nova.

- Quando uma mensagem contém uma informação especialmente importante, considere guardar essa informação em sua ferramenta de gestão de informações. Se você usa o Evernote, eles lhe deram um endereço de e-mail. Você pode encaminhar a mensagem para esse endereço, para que ela apareça na caixa de entrada de seu Evernote. Faça isso com qualquer informação que você deseja encontrar no Evernote.
- Quando uma mensagem contém um evento, uma reunião ou um compromisso, imediatamente marque a data em seu calendário e, em seguida, arquive ou delete a mensagem.

Esse método depende da funcionalidade de pesquisa de seu programa de e-mail para encontrar as mensagens arquivadas, então, quanto mais poderosa for a pesquisa, mais bem-sucedido será o método. Por isso, eu costumo recomendar o Gmail como o melhor programa de e-mail.

Esse sistema de e-mail é muito eficiente, mas tudo vai depender do seu comprometimento. Se você se comprometer com o sistema, treinar para dominá-lo e fizer dele um novo hábito, seu relacionamento com o e-mail será permanentemente transformado e aperfeiçoado.

BÔNUS

VINTE DICAS PARA AUMENTAR SUA PRODUTIVIDADE

Aqui estão vinte dicas para aumentar sua produtividade:

1. *Seja curioso.* Quando você conhece alguém que parece ser especialmente produtivo ou organizado, peça-lhe dicas. Já aprendi muito lendo grandes livros, mas aprendi mais ainda fazendo perguntas às pessoas sobre como administram seu tempo, como constroem um sistema e como aprenderam a ter êxito em suas tarefas.

2. *Planeje recitar e memorizar.* Use seu software de gestão de tarefas para lembrá-lo de revisar as coisas que você já memorizou. Eu amo memorizar passagens da Bíblia e poesias, e configuro meu software para, diariamente, revisar uma poesia diferente ou uma passagem da Bíblia. Esse hábito garante que as coisas estejam sempre frescas na minha mente.

3. *Divida em partes.* Tome cuidado com tarefas que são assustadoramente grandes. "Escrever: Um Grande Romance" é uma tarefa tão imensa que talvez você nunca comece, e se começar, não será capaz de acompanhar seu progresso. Divida tarefas gigantescas em uma série de tarefas menores e trabalhe nelas progressivamente.

4. *Use um gerenciador de senhas.* Atualmente, todos têm muitas senhas para memorizar: senhas para seu e-mail, para seu Facebook, para seu banco e para praticamente tudo. Um gerenciador de senhas pode ser uma ferramenta útil. Comece entrando na internet e procurando programas que ajudam a memorizar senhas.

5. *Use senhas fortes.* Uma senha ruim é... ruim. Você torna a vida de um criminoso exponencialmente mais difícil quando usa senhas melhores e mais fortes. Existem muitas discussões sobre o que seria uma boa senha, mas, independentemente do que você possa pensar sobre outros aspectos, uma boa senha é uma senha que protege sua conta e que você é capaz de memorizar. Recomendo usar quatro palavras aleatórias juntas. Esse tipo de senha é mais fácil de memorizar do que uma sequência de letras, números e sinais de pontuação e, na verdade, é muito mais seguro. Um mnemônico, talvez um pequeno cenário bobo qualquer, que usa as quatro palavras, pode ajudá-lo a memorizar sua nova senha.

6. *Crie uma lista de coisas que não devem ser feitas.* Crie uma nota no Evernote com uma lista de coisas que não devem ser feitas. Faça uma lista com maus hábitos de produtividade que você

está tentando quebrar e revise essa lista toda semana, no momento de sua revisão semanal. Minha lista de coisas que não devem ser feitas inclui "Não beba café depois das 14:00", "Não deixe seu e-mail aberto o dia inteiro" e "Não aceite participar de reuniões que não têm uma pauta e que não têm hora para acabar".

7. *Coloque um limite de tempo nas reuniões.* Reuniões tendem a se expandir para preencher o tempo que você dá a elas. Você provavelmente descobrirá que aquilo que é feito em uma reunião longa e sem foco pode ser feito em uma reunião curta e focada. Certifique-se de que todos os participantes sabem quando a reunião começa e quando termina. Comece e termine no horário determinado.

8. *Priorize as devoções pessoais.* As disciplinas espirituais são um combustível para a produtividade. Você não é realmente produtivo quando passa o dia fazendo as coisas, mas negligencia sua alma. Tome cuidado para que suas devoções pessoais não se tornem simplesmente mais um item que você precisa marcar em sua lista de tarefas.

9. *Pare de tentar fazer mais de uma coisa ao mesmo tempo.* Fazer mais de uma coisa ao mesmo tempo é raramente eficaz e dificilmente aumenta a produtividade. Sempre que possível, escolha uma tarefa e só passe para a seguinte depois que ela estiver finalizada.

10. *Mexa-se.* Às vezes, uma mudança de cenário faz tão bem quanto uma folga. Se você está realizando um trabalho que exige criatividade, experimente ficar pulando de cafete-

ria em cafeteria, saindo de uma e indo para a outra depois de determinado número de horas. A tranquila sala da biblioteca local é um dos meus lugares favoritos para passar algumas horas escrevendo.

11. *Aprenda a delegar.* O ato de delegar é uma habilidade rara, mas deixar de delegar pode roubar o tempo que você poderia passar fazendo coisas mais importantes. Pense com criatividade sobre quem seria capaz de realizar algumas tarefas que impedem você de fazer outras coisas. O que é um trabalho enfadonho para você talvez seja uma alegria para outra pessoa. O que você não é bom em fazer talvez seja o que outra pessoa consegue fazer com excelência.

12. *Monitore seus horários.* De vez em quando, talvez seja útil fazer uma auditoria da maneira como você usa seu tempo. Você pode simplesmente fazer isso manualmente, registrando os horários em que começa e termina em um diário, ou de maneira automática, através de softwares como Toggl ou RescueTime. A auditoria do seu tempo mostrará onde e quando você é mais produtivo, além de mostrar quando e onde você tende a perder tempo.

13. *Não deixe o e-mail aberto.* Destine momentos específicos do dia para checar seu e-mail e deixe-o fechado em todos os outros momentos. A maioria de nós não terá problema, ainda que verifiquemos nosso e-mail apenas uma ou duas vezes ao dia.

14. *Planeje descansar.* Planeje separar pelo menos um dia

por semana para descansar da maior quantidade possível de responsabilidades. Se você não planejar esse dia, ele rapidamente escapará de você; então planeje quando será esse dia e como pretende utilizá-lo.

15. *Desligue as notificações.* Sempre que possível, desligue as notificações em seus dispositivos eletrônicos. Você provavelmente não precisa de uma notificação sempre que recebe um e-mail ou sempre que seus amigos atualizam o Facebook. Lute contra a distração que cresce a cada nova geração de software e de dispositivos.

16. *Faça anotações.* Se você não fizer anotações, provavelmente se esquecerá. A maioria de nós vive com medo de que algumas de nossas melhores ideias se percam para sempre porque nos esquecemos de anotá-las. Assim que você tiver uma ideia, coloque-a no Evernote. Mesmo que você venha a se esquecer, o Evernote não se esquecerá.

17. *Faça pausas.* Pausas podem parecer produtividade perdida, mas, na verdade, aumentam sua produtividade. Agende pausas ao longo do seu dia e aproveite-as sem dor na consciência. Quanto mais ocupado for seu dia, mais importantes essas pausas serão. Então, levante-se por alguns minutos, caminhe pelo quarteirão, aqueça-se (caso seu local de trabalho seja frio) ou refresque-se (caso seu local de trabalho seja quente), pegue um café e volte a trabalhar.

18. *Consiga alguém para prestar contas.* Tenha alguém que regularmente entre em contato com você (talvez durante uma reunião da equipe) para saber se está tendo êxito em seu siste-

ma de produtividade. Ter alguma coisa ou alguém de fora do sistema incentivando você a manter o sistema funcionando o ajudará a perseverar quando sua motivação estiver baixa.

19. *Não envie e-mails desnecessários.* Enviar e-mails desnecessários significa que você receberá e-mails desnecessários. Envie-os com moderação e você os receberá com moderação.

20. *Faça exercício.* Eu sei que parece contraintuitivo, mas, às vezes, a melhor coisa que você pode fazer pela produtividade é parar de tentar ser tão produtivo e passar algum tempo fazendo exercícios. A produtividade tem a ver com todas as áreas da vida e exige todo o seu corpo e toda a sua mente. Você precisa reservar um tempo para se manter em forma e para continuar em forma.

LEIA TAMBÉM

O Evangelho no Trabalho

Servindo Cristo em sua profissão com um novo propósito

SEBASTIAN TRAEGER & GREG GILBERT

PREFÁCIO POR DAVID PLATT

LEIA TAMBÉM

O Ministério Fiel visa apoiar a igreja de Deus, fornecendo conteúdo fiel às Escrituras através de conferências, cursos teológicos, literatura, ministério Adote um Pastor e conteúdo online gratuito.

Disponibilizamos em nosso site centenas de recursos, como vídeos de pregações e conferências, artigos, e-books, audiolivros, blog e muito mais. Lá também é possível assinar nosso informativo e se tornar parte da comunidade Fiel, recebendo acesso a esses e outros materiais, além de promoções exclusivas.

Visite nosso site

www.ministeriofiel.com.br

Esta obra foi composta em AJenson Pro Regular 11.7, e impressa na
Promove Artes Gráficas sobre o papel Pólen Natural 70g/m²,
para Editora Fiel, em Julho de 2024.